TOP **10**
ISLAND

DAVID LEFFMAN

Links **Jökulsárlón** Rechts **Heiße Quelle, Hveravellir**

www.dorlingkindersley.de

Texte David Leffman
Fotografien Nigel Hicks
Kartografie Stuart James
Redaktion & Gestaltung
Dorling Kindersley Ltd., London

© 2010, 2016 Dorling Kindersley Ltd., London
Zuerst erschienen 2010 bei
Dorling Kindersley Ltd., London
A Penguin Random House Company

Für die deutsche Ausgabe:
© 2011, 2016
Dorling Kindersley Verlag GmbH, München
Ein Unternehmen der
Penguin Random House Group

Aktualisierte Neuauflage 2016 / 2017

Programmleitung Dr. Jörg Theilacker, DK Verlag
Projektleitung Stefanie Franz, DK Verlag
Übersetzung Benjamin Schwarz, Berlin
Redaktion Birgit Walter, Augsburg;
Bernhard Lück, Augsburg
Schlussredaktion Philip Anton, Köln
Satz & Produktion DK Verlag
Druck Leo Paper Products Ltd., China

ISBN 978-3-7342-0509-5
3 4 5 6 18 17 16 15

Die Top-10-Listen in diesem Buch sind nicht
nach Rängen oder Qualität geordnet. Alle zehn
Einträge sind in den Augen des Herausgebers
von gleicher Bedeutung.

Inhalt

Top 10 Island

Die Informationen in diesem Top-10-Reiseführer werden regelmäßig aktualisiert.

Angaben wie Telefonnummern, Öffnungszeiten, Adressen, Preise und Fahrpläne

können sich jedoch ändern. Der Verlag kann für fehlerhafte oder veraltete Angaben

nicht haftbar gemacht werden. Für Hinweise, Verbesserungsvorschläge und

Korrekturen ist der Verlag dankbar. Bitte richten Sie Ihr Schreiben an:

Dorling Kindersley Verlag GmbH

Redaktion Reiseführer

Arnulfstraße 124 • 80636 München

travel@dk-germany.de

Links **Súðavík** Rechts **Golfplatz Seltjarnarnes, Reykjavik**

Links **Zentrum von Akureyri** Rechts **Wasserfall Skógafoss**

Besucherinformationen über Island **www.visiticeland.com**

TOP 10
ISLAND

Highlights

Island liegt auf einem Gebirgsrücken aktiver Vulkane am Rand des Polarkreises. Mächtige Eiskappen, erstarrte Lavaflüsse und schwarze Sandwüsten prägen die wilde Landschaft im Landesinneren. Bevor die Wikinger im 8. Jahrhundert eintrafen und der Freistaat der Sagazeit entstand, bevölkerten nur Vögel und Füchse das Land. Nach 1262, unter norwegischer und dänischer Herrschaft, verarmte Island. Städte wurden erst im 18. Jahrhundert gegründet. Das heutige Island verfügt über eine hochmoderne Infrastruktur. Der Großteil der rund 320 000 Einwohner lebt im Großraum der Hauptstadt Reykjavík.

Nationalpark Þingvellir

Þingvellir liegt in einer Grabenbruchzone, an der die Nordamerikanische und die Eurasische Platte auseinanderdriften. An diesem Ort trat ab 930 n. Chr. das Parlament der Wikinger zusammen *(siehe S. 8f)*.

Blaue Lagune

Das berühmteste Thermalfreibad Islands besitzt warmes blassblaues Wasser. Die Landschaft in der Umgebung prägen spektakuläre schwarze Lavaformationen *(siehe S. 10f)*.

Bolungarvík
Ísafjörður
Þingeyri · Djúpavík · Gjögur
Selárdalur · Skagaströnd
Bíldudalur · Hólmavík
Látrabjarg 8 · Sáuðárkróku
Brjánslækur
Breiðafjörður · Laugar · Hvammstan
Stykkishólmur · Búðardalur · Borðeyri
Ólafsvík · *Arnarvatnshe*
Nationalpark 7
Snæfellsjökull · Arnarstapi · Vegamót · Bifröst
· Húsafell · *Langjökull*
Borgarnes
Faxaflói **Nationalpark** **Gullfoss** 4
Sandgerði · **Þingvellir** 1 · 3
· Reykjavík · **Hochtemperatur-**
Blaue Lagune 2 · Keflavík · **gebiet Haukadal**
Grindavík · Selfoss · Kel
· Hvolsvöllur
Hochtemperatur- *Heimaey* · Skóg
gebiet Haukadalur *Surtsey*

Hochtemperaturgebiet Haukadalur

Das Gebiet mit brodelnden heißen Quellen und Geysiren liegt etwa 90 Minuten von Reykjavík entfernt. Der Große Geysir war namensgebend für Thermalquellen auf der ganzen Welt *(siehe S. 12f)*.

Gullfoss

Der zweistufige Wasserfall des Flusses Hvítá wurde nationales Wahrzeichen, nachdem Sigríður Tómasdóttir, Islands erste Umweltaktivistin, in den 1920er Jahren den Bau eines Kraftwerks verhindert hatte *(siehe S. 14f)*.

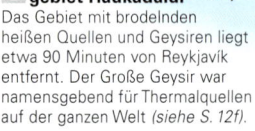

5 Mývatn
Der See vereint viele Charakteristika Islands. Er bietet Vogelreichtum, Vulkane, Solfataren, Thermalfreibäder und rauchende Lavaströme *(siehe S. 16f).*

6 Nationalpark Vatnajökull
Der riesige Park birgt nicht nur die gewaltige Eiskappe Vatnajökull mit den zahlreichen Auslassgletschern, sondern auch bezaubernde Flüsse sowie beeindruckende Schluchten und Berge *(siehe S. 18f).*

7 Nationalpark Snæfellsjökull
Die Halbinsel im Westen wird von dem schneebedeckten Kegel des Snæfellsjökull überragt. Der erloschene Vulkan, den Wanderwege kreuzen, ist noch von Reykjavík aus zu sehen *(siehe S. 20f).*

8 Látrabjarg
Die abgeschiedenen Klippen im Nordwesten Islands beherbergen eine der größten Seevögelkolonien Europas. Millionen von Möwen, Seetauchern und Papageitauchern nisten auf den Felsen *(siehe S. 22f).*

9 Landmannalaugar
Die Flüsse, schroffen Berge und heißen Quellen lassen Landmannalaugar als unberührte Wildnis erscheinen. Im Sommer ist die Region im Landesinneren mit Bussen gut zu erreichen *(siehe S. 24f).*

10 Jökulsárlón
Der zwischen dem Gletscher Breiðamerkurjökull und dem Atlantik im Südosten Islands gelegene Gletschersee ist über die Küstenautobahn erreichbar. Zwischen den Eisbergen tummeln sich viele Robben *(siehe S. 26f).*

⭐TOP10 Nationalpark Þingvellir

Der Nationalpark verdeutlicht die Lage Islands auf dem Mittelatlantischen Rücken: Nördlich des Sees Þingvallavatn erstreckt sich ein tiefer Graben. 930 n. Chr. erwählten die 36 Clanführer Islands Þingvellir (Versammlungsebene) als Stätte ihres jährlichen Alþing (Generalversammlung), bei dem sich die 60 000 Bewohner des Landes zur Gesetzesverkündung und Schlichtung von Streitigkeiten einfanden. Mit der Herrschaftsübernahme der Norweger 1262 sank die Bedeutung des Alþing. Es fand 1798 zum letzten Mal statt.

Blick auf den Lögberg

🅞 **Vom Besucherzentrum führt die Almannagjá zum Lögberg hinab. Auf einem Abstecher erreicht man den Peningagjá, die Kirche und den Öxarárfoss. Bei gutem Wetter kann man zu den verlassenen Farmen am Rand des Grabens hinaufsteigen. Vorsicht: Das dichte Gestrüpp bedeckt tiefe Spalten.**

🅞 **Das Café im Besucherzentrum nahe dem Öxarárfoss ist die einzige Einkehrmöglichkeit.**

• Karte C5; von Reykjavik fahren Golden-Circle-Busse ganzjährig täglich nach Þingvellir. Auch einige Busse der Linien 2 und 2a sowie der Sommerdienste über die Kjalvegur-Passage fahren den Park an (www.bsi.is). Die Autofahrt über die Straße Nr. 36 dauert 60 bis 90 Minuten
• www.thingvellir.is

Top 10 Landschaft

1. Lögberg (Gesetzesfelsen)
2. Kirche von Þingvellir
3. Almannagjá
4. Vulkanismus
5. Þingvallavatn
6. Flora
7. Besucherzentrum
8. Fauna
9. Öxarárfoss
10. Peningagjá

1 Lögberg (Gesetzesfelsen)

Von dem markanten Felsen unterhalb der Klippen der Almannagjá wurden einst die Landesgesetze des Alþing verkündet. In der Nähe lassen sich die Konturen der *buðir*, der Zeltlager aus der Wikingerzeit, ausmachen.

2 Kirche von Þingvellir

Die schlichte Holzkirche mit schwarzem Dach *(oben)* erinnert an das Alþing von 1000 n.Chr., bei dem Island trotz heftiger Opposition heidnischer Priester das Christentum zur einzigen Religion wählte. Die 1859 erbaute Kirche birgt eine 1683 angefertigte Kanzel.

3 Almannagjá

Auf dem Weg durch die von Felswänden gesäumte Schlucht *(Mitte)* wird die Geologie Þingvellirs deutlich: Hier reißen die Nordamerikanische und die Eurasische Platte, die jährlich rund zwei Zentimeter auseinanderdriften, Island buchstäblich in Hälften.

4 Vulkanismus

Der das Tal von Þingvellir bedeckende Lavastrom geht auf einen Ausbruch des Schildvulkans Skjaldbreiður zurück, dessen breiter, flacher Kegel im Norden des Parks liegt. Von tiefen Rissen durchzogen kühlte der Strom zu zerklüfteter Aa- und zu glasiger Pāhoehoe-Lava ab.

Þingvellir zählt seit 2004 zu den UNESCO-Welterbestätten.

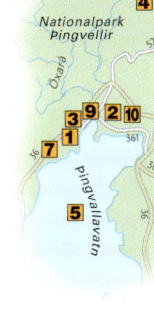

Nationalpark
Þingvellir

4

52

3 9 2 10

7

1

361

36

365

Þingvallavatn

5

96

5 Þingvallavatn
Mit 84 Quadratkilometern ist der Þingvallavatn Islands größter natürlicher See. Man kann Saiblinge und Forellen angeln oder im klaren Wasser schnorcheln.

6 Flora
Den Talboden bedecken Moose, Flechten, Orchideen, Krautweiden und Birken. Im farbenprächtigen Herbst kann man Krähenbeeren, die zu Marmelade eingekocht werden, sammeln.

7 Besucherzentrum
Das Zentrum liegt auf der westlichen Anhöhe an der Straße Nr. 36. Es bietet mehrsprachige Filme und DVDs zu Geologie und Geschichte der Region. Der Blick auf Þingvellir ist grandios.

8 Fauna
Das Gebiet nördlich des Þingvallavatn ist reich an Wildtieren: Auf dem Wasser leben Schwäne, Gänsesäger und Eistaucher, an den Ufern Nerze, Schnepfen, Schneehühner und Polarfüchse.

9 Öxarárfoss
Der Sage nach entstand der Wasserfall, als der Fluss Öxará *(links)* um 930 n. Chr. umgeleitet wurde, um die Volksversammlungen mit Trinkwasser zu versorgen. Im Mittelalter wurden hier Todesurteile vollstreckt.

10 Peningagjá
Der mit klarem, pfauenblauem Wasser gefüllte schmale, tiefe Lavaspalt bietet einen wunderbaren Anblick. Auf dem Grund dieses von der Natur geschaffenen Wunschbrunnens sieht man Münzen glitzern.

Gerichtsurteile

Die Gerichte des Alþing hatten nicht die Macht, Urteile zu vollstrecken. Prozessparteien akzeptierten die Urteilssprüche als Spiegel der öffentlichen Meinung. Einflussreiche Personen konnten theoretisch – und oft auch praktisch – eine Verurteilung ignorieren. Die Gerichte versuchten, in ernsten Streitigkeiten zu vermitteln. Zur Zeit der Wikinger war die Höchststrafe nicht das Todesurteil, sondern die Ächtung – die dreijährige Verbannung aus Island.

 Weitere Informationen über Þingvellir kann man unter der Telefonnummer 482 2660 einholen.

Blaue Lagune

Die Blaue Lagune (Bláa Lónið) ist das beliebteste Thermalbad Islands und eines der schönsten. Das leuchtend blaue Wasser setzt in der öden Lavalandschaft einen surreal wirkenden Farbakzent. Besucher können in dem warmen Wasser der Lagune entspannen, sich einer Schönheitsbehandlung unterziehen, gut essen gehen und je nach Jahreszeit das Polarlicht genießen. Mit einem Mietwagen lohnen sich Abstecher zum Salzfischmuseum Grindavík, zu den Solfataren von Seltún und zu den verlassenen Fischerhütten von Selatangar.

Laden, Blaue Lagune

🐟 Der starke Mineralgehalt der Blauen Lagune kann das Haar austrocknen – schützen Sie es vor und nach dem Bad mit einer Pflegespülung.

🍽 Die Blaue Lagune bietet auch ein Restaurant, ein Café und eine Bar.

Die Blaue Lagune wird bis 2017 umgebaut und erweitert, daher kann es vorkommen, dass die Anlage vorübergehend geschlossen ist.

• Karte B5; vom BSÍ-Busbahnhof Reykjavík starten täglich mehrere Tourbusse (www.re.is)
• 240 Grindavík
• 420 8800
• Juni–Aug: tägl. 8–22 Uhr; Jan–Mai & Sep–Dez: tägl. 10–20 Uhr
• Eintritt (variiert nach Saison)
• www.bluelagoon.com

Top 10 Thermalbad

1. Vorgeschichte & Entstehung
2. Lavalandschaft
3. Öffentliches Freibad
4. Wellness
5. Haut- & Heilklinik
6. Restaurant
7. Salzfischmuseum Grindavík
8. Übernachtungsmöglichkeiten
9. Solfataren von Seltún
10. Selatangar

1 Vorgeschichte & Entstehung

Die Blaue Lagune entstand, als sich überhitztes Meerwasser aus dem Geothermiekraftwerk Svartsengi in der Lavalandschaft sammelte *(oben)*. Einheimische entdeckten, dass ein Bad in dem Wasser Hautkrankheiten linderte. In den 1980er Jahren wurde das Heilbad eröffnet.

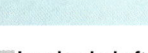

2 Lavalandschaft

Um die Lagune erstrecken sich scharfkantige schwarze Lavabrocken. Diese türmen sich am Rand des Beckens auf und schließen das hellblaue Wasser ein.

3 Öffentliches Freibad

In dem 37 °C warmen Wasser des riesigen Beckens *(unten)* mit angrenzender Sauna kann man wunderbar entspannen.

Die Blaue Lagune kann man gut bei einem Abstecher auf dem Weg zum Flughafen Keflavík besuchen.

4 Wellness
Neben entspannenden Massagen am Thermalbecken werden Peelings mit aus dem Wasser der Blauen Lagune gewonnener Kieselerde, Mineralien, Algen und Salzen angeboten. Es empfiehlt sich, Wellnessbehandlungen im Voraus zu buchen.

5 Haut- & Heilklinik
Die Heilkraft von Mineralsalzen und Kieselerde aus der Lagune bei Ekzemen, Psoriasis und anderen Hautkrankheiten ist seit Langem bekannt. Die Klinik *(links)* bietet Behandlungen. Man kann auch Präparate für die Anwendung zu Hause erwerben.

6 Restaurant
Gäste genießen isländische Spezialitäten wie gegrillten Hummer mit Knoblauchbutter, Lammfilets oder Bratfisch bei Blick auf die Lagune *(unten)*. Es gibt auch eine direkt vom Wasser aus zugängliche exzellente Bar und ein Café, das leckere Snacks serviert.

7 Salzfischmuseum Grindavík
Das in dem Dorf Grindavík wenige Kilometer südlich der Blauen Lagune gelegene Museum dokumentiert mit Fotos und Dioramen die Geschichte der Fischerei in Island.

8 Übernachtungsmöglichkeiten
Zimmer gibt es in der Blue Lagoon Clinic und im Northern Light Inn. In Letzterem kann man im Winter wunderbar das Farbenspiel des Polarlichts betrachten.

9 Solfataren von Seltún
Die 22 Kilometer östlich der Blauen Lagune gelegenen Schwefelquellen *(rechts)* entstanden durch Ausbruch eines Geysirs 1999. Bei der Erkundung sollte man den Plankenweg nicht verlassen.

10 Selatangar
Das 15 Kilometer von der Blauen Lagune entfernte Fischerdorf mit Blick aufs Meer wurde um 1850 aufgegeben. Die Mauerreste und Fundamente liegen zwischen schwarzen Sanddünen und Lavabrocken.

Geothermiekraftwerk
Das auf einer Riftzone gelegene Geothermiekraftwerk Svartsengi erzeugt umweltfreundlich Strom und Fernwärme für Reykjavik: Meerwasser wird etwa zwei Kilometer tief in die Erde gepumpt. Es wird zu Dampf, der die Turbinen antreibt, die 76 Megawatt Elektrizität erzeugen. Das wieder austretende Wasser wird in die Blaue Lagune geleitet. Die fünf Geothermiekraftwerke Islands produzieren ein Fünftel des Stroms im Land.

⊤○₁₀ Hochtemperaturgebiet Haukadalur

Das Gebiet mit mehreren heißen Quellen erstreckt sich an den unteren Hängen des Bjarnarfell etwa 90 Minuten nordöstlich von Reykjavík entfernt. Der Große Geysir war für Thermalquellen dieser Art weltweit namensgebend. Das Vulkansystem wurde vor etwa 1000 Jahren aktiv. Heute ist der regelmäßig ausbrechende Strokkur der beeindruckendste Geysir. Der Große Geysir ist nur noch selten aktiv. Das Gebiet, das zu leichten Wanderungen einlädt, beherbergt auch eine interessante alte Kirche.

Besucher an der Thermalquelle Blesi

⚙ **Besucher sollten die Plankenwege und markierten Pfade keinesfalls verlassen – das Wasser in den Geysirteichen und deren Abflüssen ist kochend heiß. Die Gischt des Strokkur ist kühl. Wegen des Windes empfiehlt es sich, einen Regenmantel zu tragen.**

🍴 **Das Café im Besucherzentrum serviert Hotdogs, Getränke und Sandwiches, das gehobene Hotelrestaurant bietet jedoch ein besseres Preis-Leistungs-Verhältnis.**

• Karte C5; das Gebiet liegt direkt an der Hauptstraße 35 etwa 90 Minuten von Reykjavík entfernt; Busse verkehren vom BSÍ-Busbahnhof in Reykjavík (www.bsi.is)
• Hótel Geysir: 480 6800; www.geysircenter.is

Top 10 Sehenswert

1. Großer Geysir
2. Blesi
3. Strokkur
4. Litli Geysir
5. Konungshver
6. Kirche von Haukadalur
7. Hótel Geysir
8. Waldgebiet Haukadalsskógur
9. Besucherzentrum
10. Bjarnarfell

1 Großer Geysir
Der Geysir *(oben)* ist seit Mitte des 20. Jahrhunderts nicht in der vollen Höhe von 70 Metern ausgebrochen. Bis in die 1980er Jahre löste das Einschütten von Seifenpulver noch kleine Eruptionen aus.

2 Blesi
Die Thermalquelle am Hang hinter dem Großen Geysir hat zwei Becken – eines mit klarem, heißem, das andere mit kühlem, milchigem, von gelösten Mineralien blau gefärbtem Wasser *(unten)*.

3 Strokkur
Der Strokkur (»Butterfass«) bricht etwa alle fünf Minuten aus *(Mitte)*. Dabei steigt aus dem klaren blauen Teich eine 15 bis 30 Meter hohe Wassersäule auf. Anschließend sinkt der Wasserspiegel, während sich neuer Druck aufbaut.

→ *Mit einem Besuch des Hochtemperaturgebiets vor 10 Uhr morgens kommen Sie den Besuchermassen zuvor.*

4 Litli Geysir

Der Litli Geysir liegt linker Hand des Pfads, der zum Strokkur hinaufführt. Der wohl einst große, erloschene Geysir ist heute eine kleine, trübe heiße Quelle mit heftig brodelnder Oberfläche. Aus dem Litli Geysir steigen Dampfschwaden und -blasen auf.

5 Konungshver

An sonnigen Tagen sind die Farben der »Königsquelle« *(oben)* atemberaubend: Das klare, leuchtend blaue Wasser liegt in einer orangeroten Felsmulde. Von der heißen Quelle aus überblickt man das ganze Gebiet.

6 Kirche von Haukadalur

Den Türring der ca. zwei Kilometer hinter dem Großen Geysir in einem Wald gelegenen Kirche soll ein in der Nähe begrabener Bauer von dem Riesen Bergþór erhalten haben.

7 Hótel Geysir

Pool und Heißwasserbecken des Hotels *(oben)* an der Strecke zum Großen Geysir werden mit Wasser aus den Thermalquellen gespeist. Besonders schön ist ein Bad nach Einbruch der Dunkelheit im Winter.

8 Waldgebiet Haukadalsskógur

Seit 1940 hat der Forstdienst Islands im Tal von Haukadalur Millionen von Lärchen, Kiefern und Ebereschen angepflanzt. Ein gut begehbarer Pfad führt durch eine Schlucht voller Wasserfälle.

9 Besucherzentrum

Das Besucherzentrum an der Zufahrtsstrecke zum Hochtemperaturgebiet bietet einen Souvenirladen *(unten)*, ein Café, eine interessante Ausstellung über die Geschichte und die Geologie von Geysiren sowie einen Erdbebensimulator.

10 Bjarnarfell

Ein steiler Pfad führt auf den 727 Meter hohen Gipfel des Bjarnarfell hinauf, der den Großen Geysir überragt. An sonnigen Tagen ist der Blick auf die rotbraunen Felsen und die grünen Felder rund um die heißen Quellen atemberaubend.

Jetzt bläst er!

Geysire besitzen senkrecht in die Tiefe ragende röhrenartige Kanäle, die in ein Wasserreservoir münden. Im Kontakt mit dem heißen Fels kommt das Wasser zum Kochen und dehnt sich nach oben aus. An der Oberfläche bildet kühles Wasser eine Art Deckel, der das aufsteigende Wasser so lange zurückhält, bis der gestiegene Druck die Eruptionssäule hervorschießen lässt. Am Strokkur kann man diesen Vorgang deutlich beobachten.

Mehr über heiße Quellen & Geysire siehe S. 58f

Top 10 Island

🔟 **Gullfoss**

*Der mächtige zweistufige Wasserfall des Flusses Hvítá bietet einen atembe-
raubenden Anblick – ob halb zugefroren im Winter, als tosender Strom während der Frühjahrsschmelze oder als donnernde Kaskaden im Zwielicht des
Sommers. Auch die tiefe Schlucht sowie die Eisgipfel und die Geröllwüste im
Norden sind imposant – sie bilden einen Kontrast zu der grünen, gischtge-
peitschten Vegetation nahe dem Fluss. Ein Besuch des Gebiets erfordert Acht-
samkeit: Die Wege sind schlüpfrig, es gibt weder Geländer noch Warnschilder.*

Cafeteria am Gullfoss

📷 **Im Winter ist der
Gullfoss teilweise
zugefroren und unter
bizarren Eisvorhän-
gen versteckt. Im
Sommer findet man
am Nachmittag die
besten Lichtverhält-
nisse zum Fotogra-
fieren vor.**

🍴 **Kosten Sie im Café
des Besucherzen-
trums traditionelle
Lammsuppe – der
Nachschlag ist gratis.**

• *Karte D4; vom
BSÍ- Busbahnhof in
Reykjavík fahren täglich
Tourbusse zum Gullfoss
(www.bsi.is)*
• *486 6500*
• *www.gullfoss.is*

Top 10 Wasserfall

1. Herkunft der Namen
2. Geologie
3. Ausblick von oben
4. Anblick von unten
5. Schlucht
6. Gedenktafel für
   Sigríður Tómasdóttir
7. Sigríðarstofa
8. Besucherzentrum
9. Souvenirladen
10. Kjalvegur

1 Herkunft der Namen

Der »Goldene Wasserfall«
Gullfoss ist nach der regen-
bogenfarbenen Gischt be-
nannt, der Hvítá (»Weißer
Fluss«) nach den hellen Se-
dimenten.

2 Geologie

Der vulkanische Ursprung
des Areals ist an den Felsen
gegenüber der Aussichts-
plattform zu erkennen: Die
Ascheschichten verschiedener Eruptionen werden von
Granit überlagert *(oben)*.

3 Ausblick von oben

Von der Plattform
oberhalb der Schlucht,
dem schönsten und si-
chersten Aussichtspunkt,
eröffnet sich ein herrli-
ches Panorama *(Mitte)*.

4 Anblick von unten

Im Gischtregen am
Ufer ist die Ausdehnung
des Gullfoss erkennbar:
Der Hvítá stürzt zehn
Meter tief, nach einer
Biegung fällt er erneut
ab *(unten)*.

Das isländische Wort foss *bedeutet »Wasserfall«.*

5 Schlucht

Die Schlucht verläuft nach dem Wasserfall zwei Kilometer flussabwärts durch sechseckige Basaltsäulen *(links)*. Man kann sie auf dem Wanderweg oder bei Wildwasserfahrten erkunden.

6 Gedenktafel für Sigríður Tómasdóttir

Eine Gedenktafel erinnert an Sigríður Tómasdóttirs *(links)* erfolgreiche Kampagne gegen den Bau eines Wasserkraftwerks am Gullfoss.

7 Sigríðarstofa

Das Ausstellungszentrum *(unten)* dokumentiert die Härte des Lebensalltags in dem Gebiet zwischen der relativ fruchtbaren Ebene im Westen und der öden Wildnis des unmittelbar nördlich gelegenen eisbedeckten Inlands.

9 Souvenirladen

Der Souvenirladen im Besucherzentrum bietet außer Postkarten kein Material über den Gullfoss. Er verfügt jedoch über ein gutes Sortiment an T-Shirts, Outdoor-Zubehör, Büchern über Island und aus Lava gefertigtem Schmuck.

8 Besucherzentrum

In der großen Cafeteria *(oben)* wird köstliche Lammsuppe serviert. Das Besucherzentrum bietet zwar nicht Blick auf den Wasserfall, aber auf die Berge und Gletscher.

10 Kjalvegur

Am Gullfoss beginnt die 160 Kilometer lange Hochlandpassage, die durch die Geröllebenen zwischen den Gletschern Langjökull und Hofsjökull gen Norden führt *(rechts)*.

Rettung des Gullfoss

1907 trat der Landbesitzer Einar Benediktsson den Gullfoss ab. Der Wasserfall sollte durch den Bau eines Staudamms über den Fluss Hvítá geflutet werden. Sigríður Tómasdóttir, deren Vater in die Planung involviert war, ging gerichtlich gegen das Projekt vor. Sie verlor den Prozess, aber die öffentliche Meinung war so stark gegen den Bau aufgebracht, dass er nie realisiert wurde. Später wurde das Areal unter Naturschutz gestellt.

 An warmen Sommertagen donnern pro Sekunde bis zu 130 Kubikmeter Wasser den Gullfoss hinab.

Mývatn

Anders als der Name »Mückensee« vermuten lässt, präsentiert sich der östlich von Akureyri gelegene Mývatn als friedliches Idyll. Im Sommer leben unzählige Wildvögel an dem See. Die umliegende Landschaft ist wild: erloschene Aschekegel, bizarre Lavaformationen, heiße Badebecken und kochende Schlammlöcher bilden die Kulisse. Reykjahlíð ist die bedeutendste Ortschaft am Nordufer des Sees. In der Stadt kann man Touren zu Sehenswürdigkeiten in der Region und zu den Askja-Calderen im kargen Landesinneren buchen.

Stängelloses Leimkraut

🕐 Im Sommer empfiehlt es sich, einen Gesichtsschutz gegen die meist harmlosen Fliegenschwärme zu erwerben. Die winzigen Insekten sind an windstillen Tagen besonders lästig.

🍴 Das Bar-Restaurant Gamli Bærinn in Reykjahlíð bietet guten Kaffee, leichte Gerichte, *hverabrauð* (an heißen Quellen in der Erde gebackenes Brot) und geräucherte Forellen aus dem See.

• Karte F2; Busse & Touren ab Akureyri; in Reykjahlíð gibt es einen kleinen Flugplatz
• 464 4390
• www.visitmyvatn.is

Top 10 Seelandschaft

1. See
2. Pseudokrater
3. Dimmuborgir
4. Wasservögel
5. Naturbad Jarðböðin
6. Laxá í Aðaldal
7. Krafla
8. Hverfell
9. Askja
10. Námaskarð

1 See
Der durch Quellen gespeiste, 36 Quadratkilometer große See entstand vor etwa 4000 Jahren durch vulkanische Tätigkeit. Lavaformationen *(unten)* dominieren das Nord- und Ostufer des Mývatn, die anderen Bereiche sind morastig.

2 Pseudokrater
Die wie kleine Vulkane wirkenden Pseudokrater entstanden durch Dampfblasen, die die über das Feuchtgebiet strömende Lavadecke durchbrochen hatten. Die schönsten der vielen Pseudokrater am Mývatn liegen versteckt an grünen Wanderwegen bei Skútustaðir.

3 Dimmuborgir
Das Areal mit äußerst bizarren Lavaformationen lässt sich bei einer einstündigen Wanderung auf markierten Wegen erkunden. Die Kirkja (Kirche) genannte trockene Lavaröhre ist faszinierend. In dem Gebiet sind die vom Aussterben bedrohten Gerfalken zu beobachten.

4 Wasservögel
Insektenlarven und Algen im seichten Wasser des Sees bieten Wassertretern, Schwänen, Seetauchern, Ohrentauchern und 13 Entenarten reichlich Nahrung. Die seltene Spatelente brütet zwischen Mai und August in den eisfreien Gebieten um den Mývatn.

Bringen Sie zur Vogelbeobachtung ein Fernglas mit.

5 Naturbad Jarðböðin

Wie die Blaue Lagune *(siehe S. 10f)* lädt das mineralreiche Thermalfreibad *(links)* zur Entspannung ein. Der Blick nach Westen über den Mývatn und die vulkanischen Landschaftsformationen ist wunderschön.

6 Laxá í Aðaldal

Der »Lachsfluss« *(unten)* entspringt an der Südwestecke des Sees und mündet nahe Húsavík ins Meer. Bei einem Uferspaziergang kann man von Mai bis Juli Kragenenten sehen, die sich auf dem bewegten Wasser tummeln.

7 Krafla

Der letzte Ausbruch des nordöstlich des Mývatn gelegenen Vulkans in den 1720er Jahren zerstörte beinahe die Kirche von Reykjahlíð. Der Kratersee Viti *(Mitte)* ist leuchtend blau.

9 Askja

Die acht Kilometer breiten Calderen liegen südlich des Mývatn. Die Eruption des Viti-Kraters 1875 führte zur Entvölkerung des Gebiets.

8 Hverfell

Der 400 Meter hohe Tuffring besteht aus Vulkanasche und Geröll. Ein gut markierter Weg um den Krater bietet fantastische Ausblicke.

10 Námaskarð

Die Solfataren von Námaskarð sind von gelb und weiß durchzogenem roten Lehm umgeben. Beim Besuch der heftig brodelnden, schwefelhaltigen Schlammtöpfe ist Vorsicht geboten *(unten)*.

Krafla-Feuer

Die Ausbruchsserie von 1975 bis 1984 um den Vulkan Leirhnjúkur im Westen des Krafla-Gebiets ist als Krafla-Feuer bekannt. Erdbeben rissen einen tiefen Graben auf, Lava ergoss sich über die Ebene und hinterließ faszinierende, noch immer warme, entgasende Formationen, die man zu Fuß vom Krafla aus erkunden kann. Da der Pfad auf unwegsamem Gelände an einigen Gefahrenstellen vorbeiführt, ist Vorsicht geboten.

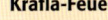

 In Hotels kann man Angellizenzen erwerben.

🔟 Nationalpark Vatnajökull

Mit 12 000 Quadratkilometern nimmt der Nationalpark zehn Prozent der Fläche Islands ein. Er umfasst den Gletscher Vatnajökull und einige verstreut an dessen Rändern liegende Gebiete: die langen Schluchten, die riesigen Wasserfälle, die Hochmoore und Gletscher der Nationalparks Jökulsárgljúfur und Skaftafell, die Wildnis von Lónsöræfi und die Zeugnisse vom Ausbruch des Lakagígar. Im Nationalpark Vatnajökull kann man wandern sowie Gletschertouren, Schneemobil- und Hundeschlittenfahrten unternehmen.

Schnepfe

🄫 Der Nationalpark ist im Winter größtenteils nicht zugänglich: Viele Bereiche sind wegen schlechten Wetters oder fehlender Busverbindungen geschlossen. Von Juli bis Mitte August ist die Auswahl der zu besichtigenden Orte am größten.

🄫 Da es im Park wenige Imbissstationen gibt, sollte man sich vor dem Besuch mit Proviant eindecken.

• Karte F4; im Sommer fahren Busse von Akureyri zu Ásbyrgi und Dettifoss, von Reykjavík und Höfn in den Nationalpark Skaftafell sowie von Kirkjubæjarklaustur und Höfn zur Lakagígar; Lónsöræfi und Hvannadalshnúkur sind nur für erfahrene Wanderer erreichbar; ab Höfn werden Touren mit Hundeschlitten, Schneemobilen und Jeeps in den Nationalpark Vatnajökull angeboten • www.vatnajokulsthjodgardur.is

Top 10 Gletscherregion

1. Vatnajökull
2. Gletscherlandschaft
3. Hvannadalshnúkur
4. Vogelwelt
5. Ásbyrgi
6. Lakagígar
7. Nationalpark Skaftafell
8. Nationalpark Jökulsárgljúfur
9. Lónsöræfi
10. Dettifoss

1 Vatnajökull

Der Vatnajökull dominiert den Blick von Südwesten ins Landesinnere. Von der Spitze der größten Eiskappe Europas bewegen sich über ein Dutzend Auslassgletscher Richtung Küste *(unten)*. Unter der Eisdecke liegt mindestens ein aktiver Vulkan.

2 Gletscherlandschaft

Gletscher sind sich jährlich wenige Zentimeter fortbewegende Eismassen. Der extreme Druck zermahlt die darunterliegenden Felsen zu Kiesmoränen. Der geringe Luftanteil im Eis bewirkt dessen bläuliche Farbe. Aufgrund von Umwelteinflüssen nimmt die Größe der Gletscher Islands ab.

3 Hvannadalshnúkur

Der Hvannadalshnúkur, ein aus der Eiskappe des Vatnajökull ragender Fels (Nunatak), bildet mit 2199 Metern den höchsten Gipfel Islands. Die Besteigung erfordert viel Erfahrung. An klaren Tagen ist der Gipfel von dem Ort Skaftafell aus zu sehen.

4 Vogelwelt

Die *sandar* genannten, von den Gletschern ausgeschwemmten schwarzen Sandstrände bieten Raubmöwen (Skua) Brutplätze. Die aggressiven braunen Seevögel machen auf kleinere Vogelarten und deren Jungen Jagd.

Das isländische Wort jökull bedeutet »Gletscher«.

Ásbyrgi
5 Der Sage nach ist die Schlucht, die durch Gletscherläufe des Vatnajökull entstand, ein Abdruck von Óðins achtbeinigem Pferd Sleipnir *(oben)*.

Lakagígar
6 Die 25 Kilometer lange Kraterreihe *(Mitte)* entstand durch den Ausbruch des Vulkans Lakagígar (1783/84), bei dem Lava und giftige Gase Farmen zerstörten und eine landesweite Hungersnot auslösten.

Nationalpark Skaftafell
7 Das über 1700 Quadratkilometer große, zugängliche Hochplateau durchziehen hervorragend markierte Wanderwege. Der vor Granitsäulen herabstürzende Wasserfall Svartifoss *(oben)* und die in den Kies ragenden blauen Gletscherzungen bieten atemberaubende Anblicke.

Nationalpark Jökulsárgljúfur
8 Wegen des 120 Meter tiefen, 500 Meter breiten Grabens, durch den Islands zweitlängster Fluss Jökulsá á Fjöllum fließt *(rechts)*, wurde der Park »Schlucht am Gletscherfluss« genannt.

Lónsöræfi
9 In dem privaten Schutzgebiet, das sich von Küstenlagunen über schroffe orangefarbene Rhyolitgebirge landeinwärts ausdehnt, kann man gut wandern.

Dettifoss
10 Der größte Wasserfall Islands *(links)* stürzt in einer zerklüfteten grauen Granitlandschaft 45 Meter in die Tiefe. Dabei sprühen hohe Gischtwolken auf. Der Dettifoss ist im Sommer nur über eine Schotterstraße erreichbar.

Gletscherlauf

Vulkane unter den Gletschern bewirken ein Abschmelzen des Eises, das Tauwasser sammelt sich in Becken. Wenn das wachsende Volumen die davorliegende Eisdecke sprengt, strömen immense Flutwellen aus. Die Schlucht Jökulsárgljúfur entstand durch einen einzigen prähistorischen Gletscherlauf *(jökulhlaup)*. 1996 zerstörte ein kleinerer Gletscherlauf des Vatnajökull sieben Kilometer der Ringstraße nahe dem Nationalpark Skaftafell.

 Das Besucherzentrum Gljúfrastofa in Ásbyrgi erteilt unter der Telefonnummer 470 7100 Auskünfte.

Nationalpark Snæfellsjökull

Der 2001 gegründete Nationalpark schützt die schneebedeckte Zunge der Halbinsel Snæfellsnes, die von der Westküste 70 Kilometer weit ins Meer hinausragt. Im Zentrum des Parks erhebt sich der Vulkan Snæfellsjökull. Das Gebiet ist reich an antiken Relikten, literarischen Assoziationen und New-Age-Andenken. Die meisten Besucher suchen den Park wegen der Wander- und Klettermöglichkeiten auf. Man kann aber auch der Fischereigeschichte in der Region nachspüren und seltene Vogelarten beobachten.

Hôtel Búðir

🔍 **Zur Besteigung des Snæfellsjökull sind Eispickel, Steigeisen und wetterfeste Kleidung erforderlich. Besprechen Sie mit dem Personal der Besucherzentren in Hellissandur und Hellnar Ihre Route und erkundigen Sie sich nach der Wetterlage.**

🍴 **Das Café Gamla Rif in Hellissandur serviert schmackhafte Fischsuppe.**

• Karte A4; Busse fahren von Reykjavík nach Hellissandur (www. bsi.is, www.west.is/ travelguide)
• Hauptbüro des Nationalparks Snæfellsjökull: Klettsbúð 7, Hellissandur; 436 6860; nur im Sommer: tägl. 10–18 Uhr
• Besucherzentrum: Hellnar; 436 6888; 20. Mai–Sep: tägl. 10–17 Uhr; Okt–19. Mai: tägl. 12–16 Uhr; 15. Dez–15. Jan geschl.
• www.ust.is

Top 10 Erlebnisse

1. Snæfellsjökull
2. Wettergrenze
3. Djúpalónssandur
4. Hellnar
5. Dritvík
6. Besteigung des Snæfellsjökull
7. Vogelbeobachtung
8. Bárður-Statue
9. Wandern
10. Arnarstapi

1 Snæfellsjökull
Der von einem Gletscher bedeckte, 1445 Meter hohe Vulkan ist heute inaktiv. Er brach das letzte Mal im Jahr 250 n. Chr. aus. An klaren Tagen ist der weiße Vulkankegel *(oben)*, der sich nördlich von Reykjavík über der Faxaflói-Bucht erhebt, deutlich erkennbar.

2 Wettergrenze
Die schroffe Küste der Halbinsel Snæfellsnes fungiert als Grenze zwischen dem rauen Wetter des Nordens und dem trockenen, sonnigeren Süden. Starke Stürme mit Schnee in höheren Lagen können das ganze Jahr über auftreten.

3 Djúpalónssandur
An dem Kiesstrand *(Mitte)* bei Dritvík wurden einst mit vier Wackersteinen – »Nutzlos«, »Mickrig«, »Halbe Kraft«, »Volle Kraft« – die Muskeln von Bewerbern für Fischerbootcrews getestet.

4 Hellnar
Der Ort *(oben)* war Heimat von Guðríður Þorbjarnardóttir, die im Mittelalter weite Reisen unternahm: Sie segelte nach Grönland, nach Rom und nach Amerika.

Die Website des Isländischen Wetterdienstes bietet aktuelle Informationen über das Gebiet www.vedur.is

5 Dritvík
In der etwa 24 Kilometer von Hellissandur entfernten Bucht *(oben)* ankerte einst die rührigste Fischereiflotte der Gegend. Heute lädt Dritvík zu einer entspannten Pause ein.

6 Besteigung des Snæfellsjökull
Erfahrene Wanderer können eine Tagestour unternehmen, auch Fahrten mit Snowscootern und Skiern sind möglich. Generell empfehlen sich nur geführte Touren. Das Besucherzentrum und das Büro des Nationalparks erteilen Informationen.

7 Vogel-beobachtung
In der Umgebung des Nationalparks sind häufig große, weißschwänzige Seeadler zu sehen. Die seltenen Vögel bewohnen ansonsten vor allem die Westfjorde. Außerdem kann man die für Küstenregionen typischen Arten beobachten *(oben)*.

8 Bárður-Statue
Die riesige Steinstatue der Sagenfigur Bárður Snæfellsás steht nahe Arnarstapi. Bárður soll ein früher Siedler in der Region gewesen sein, dessen schützender Geist noch immer auf dem Snæfellsjökull wohnt und über das Dorf wacht.

9 Wandern
Von Hellissandur aus führen mehrere Rundwanderwege durch die Lavafelder und das Küstengebiet westlich des Snæfellsjökull. Wanderer sehen kleine Buchten, wilde Seelandschaften, seltene Pflanzen, Vögel und Robben.

Reise zum Mittelpunkt der Erde

Der Snæfellsjökull wurde durch Jules Vernes Roman *Reise zum Mittelpunkt der Erde* berühmt, in dem ein deutscher Professor und sein Neffe den Anweisungen einer alten Handschrift folgen und sich durch den Vulkankrater auf eine unterirdische Forschungsreise begeben. Da in der Mythologie Islands Krater als Pforten zur Hölle galten, wurden viele der Vulkane bis in das 19. Jahrhundert hinein nicht erklommen.

10 Arnarstapi
Das kleine Fischerdorf liegt im Südosten am Fuße des Snæfellsjökull. Der ins Meer hinausragende Felsenbogen wird Gatklettur genannt. Von Arnarstapi aus starten Schneeraupenfahrten auf den Snæfellsjökull.

Látrabjarg

Die Steilküste Látrabjarg bildet einen der abgeschiedensten Orte Islands. Das ehemalige Farmland ist seit den 1960er Jahren fast menschenleer. In den Sommermonaten finden sich Millionen von Seevögeln in dem Gebiet ein, um zu brüten. Die bezaubernden Papageitaucher locken besonders viele Besucher an. An der Strecke zu den Vogelfelsen liegt ein interessantes Museum. Der reizende Strand in Breiðavík steht in überraschendem Kontrast zu der Landschaft und den Attraktionen in der Umgebung.

Hótel Látrabjarg

🚗 Die Schotterpiste nach Látrabjarg ist nur im Sommer geöffnet. Prüfen Sie vor Fahrtantritt die Versicherungsbedingungen Ihres Mietwagens. Wer wenig Erfahrung mit solchen Strecken hat, sollte per Bus anreisen.

🍴 Das Hotel in Breiðavík ist die Látrabjarg am nächsten gelegene Einkehrmöglichkeit.

• Karte A2; Busse fahren im Sommer täglich von Ísafjörður nach Látrabjarg; bis zur Rückfahrt bleiben 60 Minuten Zeit für die Besichtigung der Vogelfelsen; Buchung vorab empfohlen: 456 5006; www.west fjordsadventures.com
• Besucherzentrum: Egill Ólafsson Museum, Hnjótur; 456 1511; 9. Mai–Aug: tägl. 10–18 Uhr (Winter: Museum auf Anfrage); www.hnjotur.is

Top 10 Vogelfelsen

1. Klippen
2. Geologie
3. Nistplätze
4. Gelege
5. Papageitaucher
6. Guano
7. Geschichte
8. Bjargtangar
9. Egill Ólafsson Museum, Hnjótur
10. Breiðavík

1 Klippen
Auf den 14 Kilometer langen und bis zu 440 Meter hohen Klippen *(oben)* brüten jedes Jahr Millionen Seevögel – von Papageitauchern über Kormorane und Dreizehenmöwen bis zu Tordalken und Trottellummen.

2 Geologie
Die Westspitze Islands besitzt die ältesten geologischen Formationen: Die Schichten der Klippen geben als Schnitt durch die Vergangenheit Zeugnis von den verschiedenen vulkanischen Ereignissen.

3 Nistplätze
Die Vogelarten legen ihre Nistplätze auf unterschiedlichen Ebenen an: Papageitaucher auf der Spitze der Klippen, Tordalke, Sturmvögel und Möwen *(rechts)* in der Mitte, Trottellummen unten auf den schmalen Felsgesimsen.

4 Gelege
Da Trottellummen in großen Kolonien auf nackten Felsen nisten, sind die Eier kegelförmig. Sie rollen um die eigene Spitze herum, statt von den Klippen zu fallen.

Látrabjarg beherbergt die größte Tordalkkolonie der Welt.

Papageitaucher

5 Papageitaucher *(Mitte)* sind die wohl bezauberndsten Bewohner der Klippen. Die kleinen Seevögel mit orangegelben Füßen und bunten segelförmigen Schnäbeln nisten in grasbedeckten Höhlen. Oft kann man sich den Papageitauchern vorsichtig nähern.

Guano

6 Die Vogelfelsen von Látrabjarg kennzeichnet starker Guanogeruch. Das dichte, sumpfige Gras auf den Klippen *(oben)* gedeiht durch die jahrhundertelange Guanodüngung. Papageitaucher benötigen das Gras für ihre Nistplätze.

Geschichte

7 Bis 1926 suchten Bauern aus der Umgebung die Klippen im Sommer auf, um Vogeleier zu sammeln. Papageitaucher wurden früher in großer Zahl gefangen und verzehrt. Auf den Vestmannaeyjar in Südisland *(siehe S. 108)* werden die Vögel heute noch als Delikatesse zubereitet.

Bjargtangar

8 Der einsam gelegene Leuchtturm von Bjargtangar markiert den westlichsten Punkt Europas. Das kleine, weiß getünchte, verwitterte Bauwerk steht hoch oben auf der grasbewachsenen Klippe. Der Leuchtturm markiert den Anfang der Vogelfelsen von Látrabjarg. Ein Warnschild ragt über den Klippenrand.

Breiðavík

10 Der goldene Strand *(rechts)* in dem 15 Kilometer von Látrabjarg entfernten Breiðavík bildet eine Ausnahme von den ansonsten vulkanisch schwarzen Sandstränden Islands. Bei Sonne erinnert er an das Mittelmeer.

Egill Ólafsson Museum, Hnjótur

9 Das etwa 50 Kilometer von Látrabjarg entfernte Museum bietet Einblick in das Leben der Bauern in der Region. Auch der Film über die *Sargon* und die Luftfahrtausstellung sind sehenswert.

Das Wrack der Sargon

Im Jahr 1947 sank in einem Dezembersturm der britische Trawler *Dhoon* vor der Küste Látrabjargs. Einheimische kletterten die eisbedeckten Klippen hinab, schossen eine Sicherheitsleine auf das sinkende Schiff und hievten die Besatzung an Land. Als 1948 vor Ort ein Dokumentarfilm über das Ereignis gedreht werden sollte, lief das britische Schiff *Sargon* auf Grund – die Rettung der Mannschaft wurde filmisch begleitet.

 An klaren Tagen ist von Látrabjarg aus der etwa 85 Kilometer südlich gelegene Snæfellsjökull zu sehen.

⌖10 Landmannalaugar

Landmannalaugar bedeutet »Die warmen Quellen der Leute von Landsveit«. Das Gebiet heißer Quellen liegt in Südisland inmitten einer rauen Wildnis mit schneebedeckten Bergen, Lavafeldern und Gletscherflusstälern. Die Landschaft wurde überwiegend durch den Hekla geformt, den zweitaktivsten Vulkan Islands. Hervorragende Campinganlagen bilden gute Ausgangspunkte für die Erkundung des schroffen Landesinneren. Busse fahren Landmannalaugar nur im Sommer von Reykjavík aus an. Der Laugavegur lädt zum Wandern ein.

Ausritt in Landmannalaugar

🧭 Der Bus aus Reykjavík bringt zwischen 13 und 15 Uhr viele Besucher in das Gebiet. Sofern Sie über Nacht bleiben, empfiehlt sich zu dieser Zeit ein geruhsames Bad abseits der Massen.

🍴 Von Juli bis Anfang August bietet das Café Fjallabúð in einem alten Bus auf dem Campingplatz Burger, Softdrinks und Kaffee an. Im Umkreis von 50 Kilometern gibt es keine weiteren Imbissstände und Cafés.

• Karte D5; Mitte Juni–Mitte Sep; Busse fahren von Reykjavik täglich, von Skaftafell mehrmals pro Woche ab (www.bsi.is).
• www.landmanna laugar.info
• Über den Isländischen Wanderverein können Unterkünfte in Landmannalaugar und am Laugavegur im Voraus gebucht werden (www.fi.is).

Top 10 Landschaft

1. Heiße Quellen
2. Berge
3. Ófærufoss
4. Campingplatz
5. Laugavegur
6. Ljótipollur
7. Flora
8. Hrafntinnusker
9. Hekla
10. Frostastaðavatn

1 Heiße Quellen
Die heißen Quellen auf einer Wiese speist ein unterirdischer Lavafluss. Ihr Wasser mischt sich mit dem eines kühlen Bachs. Waten Sie den Bach hinauf *(unten)*, bis Sie eine zum Baden angenehme Temperatur auffinden.

3 Ófærufoss
Der von Lava überspannte, zweistufige Wasserfall scheint durch einen kleinen Vulkankrater zu fließen. Dem weichen Untergrund am Rand sollte man fernbleiben.

2 Berge
Vom Bláhnúkur, dem mit 945 Metern höchsten Gipfel des Gebiets, eröffnet sich nach dem einstündigen Aufstieg ein herrlicher Blick auf das Lavafeld und das Rhyolitgebirge mit den grau, rosa und orange changierenden Felsen *(Mitte)*.

4 Campingplatz
Neben weiten Kiesflächen bietet der große Campingplatz *(links)* grasbedecktes Gelände am Bachufer. Duschen, Toiletten und ein Kochbereich liegen in der Nähe. Kästen enthalten Steine, mit denen die Zelte zum Schutz vor den Böen in Landmannalaugar beschwert werden können.

➜ Besucher von Landmannalaugar sollten Badekleidung und Badetücher nicht vergessen.

5 Laugavegur

Der Wanderweg *(links)* von Landmannalaugar nach Þórsmörk führt auf 60 Kilometern an eisigen Flüssen, grünen Bergen und schneebedeckten Hochplateaus vorbei und durch Vulkanebenen. Es gibt Campingplätze und Schlafbaracken.

6 Ljótipollur

Die isländische Bezeichnung »hässliche Pfütze« täuscht: Der blaue Kratersee in einer Senke des leuchtend roten Vulkangesteins ist wunderschön.

7 Flora

Nahe den Quellen wachsen winzige winterharte Blumen: Grasnelken, Braunellen, Thymian, Fettkraut, stängelloses Leimkraut und Wollgras *(unten)* setzen vor den dunklen Lavahängen Farbakzente.

8 Hrafntinnusker

Das riesige Plateau südwestlich von Landmannalaugar besteht aus dem schwarzen vulkanischen Gesteinsglas Obsidian. Auf den Lavafeldern und dem Bláhnúkur sind vereinzelt Aufschlüsse, kleine Brocken im ganzen Umkreis zu sehen.

9 Hekla

Der 1488 Meter hohe Vulkan *(siehe S. 113)* im Südwesten Islands bricht ungefähr alle zehn Jahre aus. Die Straße nach Landmannalaugar führt durch Aschedünen und Lavafelder, die auf den Ausbruch von 1970 zurückgehen.

10 Frostastaðavatn

Der ca. fünf Kilometer von Landmannalaugar entfernte, forellenreiche See *(unten)* ist bei Anglern beliebt. Er ist auf einer bis auf die Strecke über ein Lavafeld leichten dreistündigen Wanderung zu umrunden.

Wandern auf dem Laugavegur

Der Wanderweg ist wenig anspruchsvoll, dennoch sollte man gut ausgerüstet und auf schlechte Bedingungen vorbereitet sein. Warme wetterfeste Kleidung, Wanderstiefel, Landkarten, Kompass und Proviant sind mitzubringen, unterwegs gibt es keine Läden. Plätze in Schlafbaracken sind im Voraus zu buchen. Zeltplätze gibt es etwa alle 15 Kilometer. Camper benötigen robuste Zelte in gutem Zustand und Kochutensilien.

➜ *Weitere Wanderwege in Island* **siehe S. 56f**

TOP 10 Jökulsárlón

Der Gletschersee Jökulsárlón liegt an der Südostküste Islands. Er befindet sich an der Stelle, an der sich die Gletscherzunge Breiðamerkurjökull zum Meer vorschiebt. Der See entstand durch Schrumpfen des Gletschers ab den 1940er Jahren. Bis heute sind die abgekalbten Eisberge im See äußerst eindrucksvoll. Auch der schwarze Sandstrand und der Blick auf den Vatnajökull, Europas größte Eiskappe, machen den Jökulsárlón zu einem wunderbaren Zwischenstopp auf der langen Fahrt von Vik nach Höfn.

Gletschereis

🚌 Alle Busse, die an der Südküste entlangfahren, halten etwa eine halbe Stunde am Jökulsárlón. Die Zeit reicht aus, um ans Meer zu gehen und einen Blick auf den Gletschersee und die Eisberge zu werfen.

☕ Das Café im Besucherzentrum hat im Sommer von 9 bis 19 Uhr, den Rest des Jahres von 10 bis 17 Uhr geöffnet. Es serviert preiswerte warme Speisen, Snacks und Kaffee.

• Karte G5
• Besucherzentrum: 478 2222; www.jokul sarlon.is; www.vatna jokulsthjodgardur.is; Zeiten für Bootsfahrten (Apr–Okt) telefonisch erfragen

Top 10 Eisregion

1. Gletschersee
2. Strand
3. Eisberge
4. Vatnajökull
5. Tierwelt
6. Breiðárlón
7. Der Jökulsárlón im Film
8. Vogelbeobachtung
9. Besucherzentrum
10. Bootstour

Gletschersee 1
Der tiefste Gletschersee Islands *(Mitte)* hat nur fünf Kilometer Durchmesser. Der abgehende Fluss Jökulsá á Breiðamerkursandi ist der kürzeste des Landes.

Eisberge 3
Die blauen Eisberge bilden eine natürliche Skulpturenschau *(oben)*. Sie wechseln ständig die Form und zerschmelzen zu immer kleineren Schollen, die schließlich aufs Meer treiben.

Strand 2
Der Strand liegt einen kurzen Fußweg von der Straße entfernt. Flussabwärts strebende, durchscheinende, seltsam geformte Eisbrocken – Reste der Eisberge im Jökulsárlón – landen auf dem schwarzen Sand des Strands. Sie bieten eindrucksvolle Fotomotive.

Vatnajökull 4
Von dem Gletschersee aus erhält man einen Eindruck von der gewaltigen Größe des Vatnajökull *(links)*. Die Gletscherzunge Breiðamerkurjökull besitzt mit 15 Kilometern Durchmesser aber nur einen Bruchteil der Ausmaße des Eisfelds des Jökulsárlón *(siehe S. 18)*.

Livebilder vom Jökulsárlón
www.livefromiceland.is/de/webcams/jokulsarlon

5 Tierwelt

Die in dem kalten, tiefen Gletschersee lebenden Heringe und Forellen locken Robben an. Diese kann man oft auf Eisschollen dösen sehen *(oben)*. Auch Orcas suchen gelegentlich den See auf.

6 Breiðárlón

Der Gletschersee liegt abgeschieden sechs Kilometer westlich des Jökulsárlón. Er ist über die Autobahn mit einer anschließenden drei Kilometer langen Fahrt auf einer Schotterpiste zu erreichen.

7 Der Jökulsárlón im Film

Der Jökulsárlón diente bereits in zwei *James-Bond*-Filmen, einem *Tomb-Raider*- und einem *Batman*-Film als Kulisse. An dem Gletschersee wurden auch mehrere Werbespots gedreht.

8 Vogelbeobachtung

An dem See leben die bodennistende Küstenseeschwalbe *(oben)* und die Schmarotzerraubmöwe. Beide stürzen sich aus dem Flug pfeilartig auf Nesträuber herab.

9 Besucherzentrum

Das kleine Besucherzentrum *(rechts)* verkauft Postkarten und T-Shirts. In dem Café sind Speisen und heiße Getränke erhältlich. Der schwarze Hügel vor dem Zentrum bietet einen schönen Blick auf den Jökulsárlón.

10 Bootstour

Die vom Besucherzentrum startenden, 30-minütigen Touren mit Amphibienfahrzeugen *(unten)* führen zu den Eisbergen an der Gletscherzunge. Gelegentlich kann man Robben aus der Nähe sehen.

Brückenbau

Die zahlreichen tiefen, sich ständig verändernden Gletscherflüsse an der Südküste Islands mit Brücken zu überspannen, war eine große Herausforderung. Die Autobahn, die rund um Island verläuft, wurde deshalb erst 1974 fertiggestellt. Davor waren Gebiete wie der Jökulsárlón nur sehr schwer zu erreichen, die Hauptstraße zwischen Skaftafell und Reykjavík war kaum mehr als eine Schotterpiste.

Der Fjallsárlón, der dritte Gletschersee in dem Gebiet, ist mit dem Breiðárlón durch den Fluss Breiðá verbunden.

Links Þingvellir, Tagungsort des ersten Parlaments von Island Rechts Ólafur Tryggvason

Historische Ereignisse

1 860: Ankunft der Wikinger

Um das Jahr 860 entdeckte der Wikinger Naddoður nordwestlich der Färöer die unbewohnte Küste Islands. Später erkundete der Norweger Flóki Vilgerðarson die Insel. Nach einem harten Winter nannte er das Land Ísland (Eisland).

Der Wikinger Naddoður entdeckt Island

2 870: Gründung Reykjavíks

Die Norweger Ingólfur Arnarson und Hjörleifur Hróðmarsson segelten mit ihren Familien nach Island. Hjörleifur wurde von seinen Sklaven nach der Ansiedlung in Hjörleifshöfði ermordet. Ingólfur gründete als erster dauerhafter Siedler Islands eine Stadt, die er Reykjavík (Rauchbucht) nannte.

3 930: Erstes Alþing in Þingvellir

Als nach der Landnahme um 930 das besiedelbare Land größtenteils verteilt war, beriefen die Goden (Clanführer) mit dem Alþing die erste nationale Versammlung des Freistaats ein. Das Parlament trat jährlich in Þingvellir zusammen, um Gesetze zu beschließen und Streit zu schlichten.

4 1000: Christianisierung

Die Mehrheit der Siedler Islands verehrte nordische Gottheiten. Im 10. Jahrhundert drohte der norwegische König Ólafur Tryggvason, Island zu besetzen, sofern es nicht zum Christentum übertrat. Das Alþing wählte daraufhin im Jahr 1000 den Katholizismus als Staatsreligion.

5 1262: Alter Vertrag mit Norwegen

Im 13. Jahrhundert kamen reiche Landbesitzer an die Macht, die Island in einen Bürgerkrieg stürzten. Norwegen trat als Friedensstifter auf. 1262 akzeptierte Island als halbunabhängiger Staat die Vorherrschaft Norwegens unter dem Alten Vertrag.

6 1397: Dänische Herrschaft

Unter der Kalmarer Union errang die Herrscherin Dänemarks Margrete I. den norwegischen Thron. Später wies Dänemark den Autonomieanspruch Islands zurück und nutzte 1661 seine militärische Macht, um die absolute Herrschaft durchzusetzen.

7 1550: Durchsetzung der Reformation

Christian III. von Dänemark setzte 1542 Gissur Einarsson als ersten protestantischen Bischof Islands ein. Durch den Widerstand im Volk ermutigt, griff der katholische Bischof Jón Arason zu den Waffen. Er wurde in Skálholt besiegt und am 7. November 1550 hingerichtet.

1783: Ausbruch des Lakagígar

Der Vulkanausbruch bedeckte Südostisland mit Lava, die giftigen Dämpfe zerstörten die Landwirtschaft im ganzen Land. Während der anschließenden dreijährigen Hungersnot starb ein Drittel der Bevölkerung. Dänemark plante eine vollständige Evakuierung Islands nach Jütland.

1874: Nationalismus

Mitte des 19. Jahrhunderts verbreitete sich der Nationalismus, das Land begehrte gegen die Herrschaft Dänemarks auf. Der Dichter Jónas Hallgrímsson und der Historiker Jón Sigurðsson führten die Bewegung an. 1874 ratifizierte der dänische König Christian IX. eine neue Verfassung, die dem Alþing die Legislative zurückgab.

1944: Unabhängigkeit

Mit der Besetzung Dänemarks durch das nationalsozialistische Deutschland 1940 entfiel dessen Herrschaftsanspruch auf Island. Nach einigen innenpolitischen Streitigkeiten wurde am 17. Juni 1944 in Þingvellir die Republik Island ausgerufen, Sveinn Björnsson wurde Staatspräsident. Damit endeten 700 Jahre Fremdherrschaft in Island.

Krater, Lakagígar

Top 10 Historische Persönlichkeiten

1 Flóki Vilgerðarson
Der Wikinger, der Island den Namen gab, war wegen der Raben, die er zähmte, als Hrafna-Flóki bekannt.

2 Ingólfur Arnarson
Der erste Siedler Islands verließ seine Heimat Norwegen wegen eines Streits mit einem Landgrafen.

3 Leifur Eiríksson
Der Sohn Eriks des Roten segelte im Jahr 1000 von Grönland nach Westen und entdeckte Amerika.

4 Guðríður Þorbjarnardóttir
Die Entdeckerin brachte den ersten Europäer in Amerika zur Welt. Sie unternahm auch eine Pilgerreise nach Rom.

5 Snorri Sturluson
Der Historiker, Politiker und Dichter des 13. Jahrhunderts schrieb die *Egils saga*, die *Heimskringla* sowie die *Snorra-Edda*.

6 Jón Sigurðsson
Sigurðsson war Vorkämpfer für Islands Unabhängigkeit von Dänemark.

7 Jónas Hallgrímsson
Der romantische Dichter brachte nach 1800 den Nationalstolz Islands zum Ausdruck.

8 Hannes Hafstein
Der erste Premierminister Islands (1904) regierte in einer Zeit von Modernisierungen und sozialen Veränderungen.

9 Vigdís Finnbogadóttir
Die Präsidentin (1980–96) war das erste demokratisch gewählte weibliche Staatsoberhaupt Islands.

10 Jóhanna Sigurðardóttir
Die erste offen homosexuelle Politikerin der Welt wurde im Januar 2009 isländische Premierministerin.

Der zerstörerische Ausbruch des Lakagígar ist auch als Móðuharðindin (»Not mit dem Nebel«) bekannt.

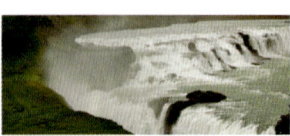

Links **Gullfoss** Rechts **Campingplatz am Fuß des Wasserfalls Dynjandi**

TOP 10 Wasserfälle

1 Dettifoss

Das Donnern des größten Wasserfalls Islands ist meilenweit zu hören. Der Dettifoss liegt im Nationalpark Jökulsárgljúfur im Nordosten des Landes. Der in rauer Landschaft über schroffe Felsen 45 Meter tief in die Jökulsárgljúfur-Schlucht stürzende Fluss Jökulsá á Fjöllum bietet ein beeindruckendes Schauspiel. Der flussaufwärts liegende Wasserfall Selfoss ist nur zehn Meter hoch, aber 70 Meter breit. ◈ *Karte F2*

2 Glymur

Der höchste Wasserfall Islands (196 m) stürzt von einem Plateau nahe dem Hvalfjörður an der Westküste herab. Der Sage nach schwamm ein mythisches Wesen – halb Mensch, halb Wal – den Glymur hinauf zum See Hvalvatn, in dem tatsächlich Walknochen gefunden wurden. ◈ *Karte C4*

3 Gullfoss

Der etwa 75 Kilometer nordöstlich von Reykjavík gelegene gewaltige Wasserfall des Flusses Hvítá beeindruckt das ganze Jahr über. Er zählt neben dem Hochtemperaturgebiet Haukadalur und Þingvellir zu den größten Attraktionen Islands. Zu Beginn des 20. Jahrhunderts war er Gegenstand des ersten Umweltstreits im Land *(siehe S. 14f)*.

4 Seljalandsfoss

Der durch Schmelzwasser des Gletschers Eyjafjallajökull gespeiste Wasserfall ist schmal und von geringer Höhe. Er stürzt jedoch kraftvoll auf eine Wiese an der Südküste hinab. Für das Begehen des rutschigen, matschigen Wegs hinter dem Wasservorhang empfiehlt sich wasserfeste Kleidung. In der Nähe des Seljalandsfoss liegen mehrere kleinere Wasserfälle. ◈ *Karte D6*

5 Hraunfossar & Barnafoss

Die beiden nahe Borgarnes an der Westküste gelegenen Wasserfälle sind sehr verschieden: Beim Hraunfossar strömt

Beim Wasserfall Hraunfossar rauschen Bäche über moosbewachsenes Ufer

 Das große Wasservolumen macht den Dettifoss zum energiereichsten Wasserfall Europas.

blaues Wasser aus einem moos-
bewachsenen Lavafeld. Der Barnafoss besteht aus einer kurzen
Reihe wilder Stromschnellen des
durch ein enges Tal verlaufenden
Flusses. ✎ Karte C4

Skógafoss

Allein der Weg am Fluss entlang zu dem mächtigen Wasserfall ist beeindruckend: Die flache
Schotterebene wird von Gischtwolken überzogen, ohrenbetäu-
bendes Donnern ertönt. Von der
Fallkante aus, die über eine Holz-
treppe erreichbar ist, reicht der
Blick über weitere Kaskaden und
die Küste Südislands. ✎ Karte D6

Dynjandi

Der 60 Meter breite Was-
serfall in den Westfjorden nahe
Hrafnseyri stürzt in mehreren
Stufen 100 Meter in die Tiefe.
Der tosende Verlauf über meh-
rere Granitblöcke führte zu der
Bezeichnung »Der Donnerer«.
Die schöne Aussicht über grüne
Täler Richtung Meer lädt zum
Verweilen ein. ✎ Karte B2

Goðafoss

Der zwischen dem Mývatn
und Akureyri gelegene »Wasserfall der Götter« gilt als der
Ort, an dem der für die Einfüh-
rung des Christentums kämpfen-
de Gode Þorgeir Ljósvetnin-
gagoði um 1000 n. Chr. die
heidnischen Götterbil-
der ins tosende Was-
ser warf. Zwischen
den Kaskaden, über
die das eisblaue Was-
ser stürzt, verlaufen
gut begehbare Pfade.
✎ Karte E2

Aldeyjarfoss

Am Nordende der
Sprengisandur-Hochland-
landroute schneidet

Skógafoss

der Fluss Skjálfandafljót eine tie-
fe Rinne in das Lavafeld Suður-
árhraun und legt Asche- und
Felsschichten verschiedener
Eruptionen frei. Der Wasserfall
Aldeyjarfoss ist nur 20 Meter
hoch, aber dennoch kraftvoll.
✎ Karte E3

Ófærufoss

Der Wasserfall befindet sich
in der Feuerspalte Eldgjá zwischen Landmannalaugar und
Skaftafell am Fjallabak-Pass.
Der Fluss Nyrðri-Ófæra stürzt
zunächst durch eine Schlucht in
ein breites, mit Geröll gefülltes
Becken. In einer zweiten, kleineren Kaskade fließt er auf die Ebene hinab. ✎ Karte E5

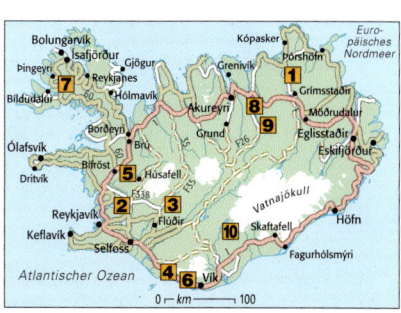

*Der Sage nach versteckte ein Wikinger am Skógafoss einen Schatz.
Im Museum Skógasafn ist der Ring der Truhe zu sehen siehe S. 62*

Links **Schmarotzerraubmöwe** Mitte **Walbeobachtung** Rechts **Vogelfelsen von Látrabjarg**

TOP 10 Tierwelt

1 Mývatn

Ein Besuch des Sees lässt sich gut mit einem Aufenthalt in Islands zweitgrößter Stadt, Akureyri, und einer Walbeobachtungstour von Húsavík aus verbinden. An dem See leben viele Enten und andere Wasservögel, auch Polarfüchse und Gerfalken sind häufig zu beobachten *(siehe S. 16f).*

Tordalk auf den Vogelfelsen von Látrabjarg

2 Látrabjarg

Ein Besuch des abgeschiedenen Gebiets in den Westfjorden erfordert ein wenig Planung. Der Anblick der Klippen mit den riesigen Kolonien lärmender Seevögel ist jedoch unvergesslich. Auf der Fahrt lohnt sich ein Zwischenstopp an dem Strand Breiðavík, der zum Spazierengehen oder zum Sonnenbaden einlädt *(siehe S. 22f).*

3 Hornbjarg

Auf der mit 533 Metern höchsten Steilklippe der abgeschiedenen, unbewohnten Halbinsel Hornstrandir im äußersten Norden der Westfjorde leben Millionen von Sturmvögeln, Möwen, Tordalken und Trottellummen. Hornbjarg wird mit Booten von Ísafjörður aus angefahren. Der Rückweg ist nur durch eine mehrtägige Wanderung möglich. 🖎 *Karte B1*

4 Dyrhólaey

Die Halbinsel Dyrhólaey erreicht man bei einem Abstecher von der Ringstraße zwischen Skógar und Vík. Die grüne Landzunge lockt Papageitaucher und andere Seevögel an. Auch die schwarzen vulkanischen Sandstrände und das mächtige Felsentor, das Schiffe passieren können, lohnen den Besuch. 🖎 *Karte D6*
• *1. Mai–25. Juni geschl.*

5 Jökulsárlón

Der mit Eisbergen angefüllte Gletschersee liegt in Südostisland zwischen dem Gletscher Breiðamerkurjökul und dem Meer. An den Ufern nisten Raubmöwen und Seeschwalben. Auch Robben, Orcas und Polarfüchse sind in dem Gebiet häufig zu sehen *(siehe S. 26f).*

6 Skjálfandi

Im Sommer gelangt man auf Segeltouren von Húsavík in die große Skjálfandi-Bucht in Sichtweite von Meeressäugern. Robben und Seelöwen sind sicher anzutreffen, mit ein wenig Glück kann man aber auch beobachten, wie sich mächtige Buckelwale aus dem Wasser emporschwingen. 🖎 *Karte E2*

Polarfuchs

 Island zählt den weltweit größten Bestand an Papageitauchern.

Kleine Inseln im Breiðafjörður

7 Breiðafjörður
In dem Fjord an der West-küste liegen zahllose kleine In-seln und Schären, auf denen Papageitaucher, Kormorane und andere Seevögel leben. Auch die seltenen, majestätischen Seeead-ler sind zu beobachten. ◈ *Karte B3*

8 Garðskagi
Die kleine Landzunge nahe dem Flughafen Keflavík besitzt einen Kiesstrand, den Wasser-läufer, Sanderlinge, Steinwälzer, Eiderenten und andere Watvögel bevölkern. Auf dem Meer sind Basstölpel zu sehen. Der Leucht-turm diente einst der Kontrolle des Vogelzugs. ◈ *Karte B5*

9 Ingólfshöfði
Auf der schmalen Landzunge zwischen Vík und Höfn landete der Überlieferung nach Ingólfur Arnarson, der erste Siedler Is-lands. Im Sommer brüten Papa-geitaucher und Raubmöwen in dem Gebiet, das von der Ring-straße auf Traktortouren angefah-ren wird. ◈ *Karte F5 • Traktortouren: Hofsnes-Farm; 894 0894; Apr–Okt: tägl. 9 Uhr, 12 Uhr & 15 Uhr; www.localguide ofvatnajokull.com; Gebühr*

10 Þjórsárver
In dem geschützten Moor-gebiet an Islands mit 23 Kilome-tern längstem Fluss Þjórsá zieht der größte Teil des Weltbestands an Kurzschnabelgänsen seine Jungen auf. Auch Graugänse, Schnepfen und Singschwäne leben hier. ◈ *Karte E4*

Top 10 Vogelarten in Island

1 Papageitaucher
Die faszinierenden Vögel nisten von Mai bis September in Höhlen auf grasbedeckten Klippen in ganz Island.

2 Küstenseeschwalben
Die kleinen, anmutigen Vögel stürzen sich auf Nest-räuber fast senkrecht aus dem Himmel herab.

3 Gerfalken
Der seltene grau-weiße Falke – einst Wappentier Islands – ist am Mývatn zu finden.

4 Goldregenpfeifer
Isländer erwarten sehn-süchtig den Ruf des in Mooren und Heiden lebenden Vogels, da er den Frühling ankündigt.

5 Raben
Die großen Krähenvögel mit schrillem Ruf und akroba-tischem Flug gelten bei vielen Isländern als sehr intelligent.

6 Wiesenpieper
Der in Island am weitesten verbreitete Vogel ist ein reizen-der Sänger. Er ist äußerst schwer zu sichten.

7 Seeadler
Von den einst von Bauern erbittert gejagten Vögeln nis-ten heute etwa 80 Paare im Nordwesten Islands.

8 Eiderenten
Die große Meerente ist für die weichen Daunen bekannt. Sie lebt an der Küste und an Seen im Inland.

9 Schneehühner
Die Vögel tragen im Winter ein schneeweißes Federkleid. Sie werden in Island gern als Weihnachtsbraten serviert.

10 Kragenenten
Die Meerenten besitzen ein einzigartiges blau-rotes Federkleid. Sie nisten von Mai bis Juli an den Ufern reißender Bäche.

 Die Anzahl der Wale in den Gewässern Islands wird auf etwa 230 000 Tiere geschätzt.

Links **Greens eines Golfclubs in Reykjavík** Rechts **Borgarnes**

10 Golfplätze

1 Hólmsvöllur

Der 18-Loch-, Par-72-Golf-platz auf der westlichsten Halb-insel Islands ist für die Sonnen-untergänge und die Vogelwelt berühmt. Das dritte Loch stellt eine Herausforderung dar, da ein 200-Meter-Treibschlag übers Meer erforderlich ist. ✪ *Karte B5*
• *Suðurnes, 232 Keflavík* • *421 4100*
• *Eintritt* • *www.golf.is/gs*

2 Garðabær

Zu den drei Golfanlagen in Reykjavíks Stadtteil Garðabær zählen der 18-Loch-, Par-71-Platz Urriðavöllur und der leichtere Platz Ljúflingur (9 Loch, Par 3). Beide haben im Juni und Juli bis 22 Uhr geöffnet, da sie das lange Tageslicht des Sommers nutzen. ✪ *Karte P6* • *Urriðavöllur, Garðabær* • *565 9092* • *Eintritt* • *www. oddur.is; www.midnightgolf.is*

Auf einem Golfplatz in Garðabær

3 Korpúlfsstaðir

Die Umgebung des Golfplat-zes (18 Loch, Par 72) auf dem Gelände des einstigen Gehöfts Korpúlfsstaðir ist malerisch. Die Hälfte des waldreichen Kurses liegt am Meer, im Hintergrund erhebt sich der Esja bei Reykja-vík. Der Rest der Anlage säumt das Ufer des Flusses Korpá. Die Löcher 12 und 15 sind am anspruchsvollsten. ✪ *Karte Q5*
• *Korpúlfsstaðir, 112 Reykjavík* • *585 0200*
• *Eintritt* • *www.grgolf.is*

4 Keilir

Der 30 Kilometer von Reyk-javík entfernt in den weiten Lava-feldern von Hafnarfjörður gelege-ne Golfclub ist nach dem hinter dem Gelände aufragenden Berg benannt. Das 18-Loch-Haupt-green ist als Par 71 klassifiziert. Der starke Wind vom Meer erfor-dert große Präzision. Die Anlage beinhaltet auch einen Neun-Loch-Übungskurs. ✪ *Karte B5* • *Steinholti 1, 220 Hafnarfjörður* • *565 3360* • *Eintritt* • *www.keilir.is*

5 Borgarnes

Der 18-Loch-, Par-71-Platz Hamarsvöllur in Borgarnes ist auf einer einstündigen Fahrt von Reykjavík die Westküste entlang zu erreichen. Er bietet eine gute Alternative, wenn die Plätze in der Hauptstadt zu stark frequen-tiert sind. Der Anlage mit vielen natürlichen Wasserhindernissen verleiht die Bergkulisse Charme. ✪ *Karte B4* • *Hamarsvöllur, 310 Borgarnes* • *437 1663* • *Eintritt* • *www.golf.is/gb*

 Alle Golfplätze in Island sind der Öffentlichkeit zugänglich **www.golf.is**

Golfspieler in Akureyri

Akureyri

In Akureyri befindet sich der nördlichste Golfplatz der Welt (18 Loch, Par 71). Die Moorlandschaft wird nur von vereinzelten Baumgruppen und Aufschlüssen durchbrochen. Im Juni finden auf dem Platz die Arctic Open statt – mit Abschlägen nach Mitternacht in den leuchtenden Mittsommer-Nachthimmel hinein. Karte E2 • Jaðri, 600 Akureyri • 462 2974 • Eintritt • www.gagolf.is, www.arcticopen.is

Fljótsdalshérað

Auf dem Neun-Loch-, Par-68-Platz in Fellabær werden im Juli die East Iceland Open ausgetragen. Der Sage nach lebt in dem nahen Lögurinn-See die schlangenartige Kreatur Ormurinn. Karte G3 • Fljótsdalshérað, Fellabær, 700 Egilsstaðir • 867 2715 (nur im Sommer) • Eintritt • www.golf.is/gfh

Vestmannaeyjar

Der 18-Loch-, Par-70-Platz ist spektakulär: Er erstreckt sich im Norden an den steilen Hängen eines eingestürzten Vulkankegels, im Westen grenzt er ans Meer. Im Osten liegt der nach dem Ausbruch im Jahr 1973 noch immer rauchende Vulkan Eldfell. Im Juli finden auf dem Platz die Volcano Open statt. Karte C6 • Heimaey, Vestmannaeyjar • 481 2363 • Eintritt • www.gvgolf.is

Krossdalsvöllur

Der Neun-Loch-, Par-33-Golfplatz liegt am Mývatn. Neben den üblichen Hindernissen laufen Spieler hier Gefahr, verlorene Golfbälle mit Vogeleiern zu verwechseln. Karte F2 • Stekkholti, 660 Mývatn • 856 1159 • Eintritt • www.golf.is/gkm

Geysir Golf Course

Der nur einen langen Abschlag von den berühmten heißen Quellen entfernte Neun-Loch-, Par-37-Kurs gilt als einer der schönsten des Landes. Die natürliche Vegetation wurde sorgsam in die Gestaltung einbezogen. Es gibt eine Driving Range. Karte C5 • Haukadalur, 801 Selfoss • 893 8733 • Eintritt • www.geysirgolf.is

Links **Snæfellsjökull** Rechts **Kratersee am Lakagígar**

TOP 10 Vulkane

1 Hekla
Der aktive Vulkan ist seit der Besiedlung Islands über ein Dutzend Mal ausgebrochen. 1104 wurden mehrere nahe gelegene Wikingerhöfe unter der Asche begraben. Der letzte große Ausbruch ereignete sich 1947, darauf folgten viele kleinere. Während inaktiver Phasen können erfahrene Wanderer den Hekla erklimmen *(siehe S. 113)*.

2 Eyjafjallajökull
Im März 2010 begann am Wanderweg Fimmvörðuháls *(siehe S. 56)* die erste Eruption des unter dem Gletscher Eyjafjallajökull gelegenen Vulkans. Einen Monat später folgte ein wesentlich stärkerer Ausbruch in der Gipfelcaldera. Vom 4. bis zum 20. April breitete sich eine riesige Aschewolke über weiten Teilen

Grasende Islandpferde nahe dem Eyjafjallajökull

Europas aus, viele Länder stellten den Flugverkehr ein. Das Besucherzentrum in Þorvaldseyri am Fuß des Vulkans zeigt Filme über die Eruption. ⊚ *Karte D6*

3 Snæfellsjökull
Der letzte Ausbruch des Stratovulkans, dessen Kegel sich durch einzelne Eruptionen schichtweise aufbaute, wird um 250 n. Chr. veranschlagt. Während den Hekla meist Wolken umgeben, erstrahlt die von einem Gletscher bedeckte Spitze des Snæfellsjökull wie ein Leuchtfeuer an der Westküste *(siehe S. 20f)*. ⊚ *Karte A4*

4 Öræfajökull
Der höchste Vulkan Islands befindet sich nahe Ingólfshöfði. 1362 begrub eine gewaltige Eruption fast ein Drittel des Landes unter Asche, sämtliche Bauernhöfe an der Südküste mussten aufgegeben werden. Da das Gebiet nur geringfügig wiederbesiedelt wurde, war der Ausbruch von 1727 weniger katastrophal. ⊚ *Karte F5*

5 Lakagígar

1783 wurden bei einer sieben Monate andauernden Eruption der nördlich von Kirkjubæjarklaustur gelegenen Vulkanspalte Lavaströme und Aschewolken ausgestoßen. Der Le-

In Island gibt es 38 aktive Vulkane. Vulkane gelten als aktiv, wenn innerhalb der letzten 10000 Jahre ein Ausbruch erfolgte.

gende nach wurde der Ort durch den Pfarrer Jón Steingrímsson gerettet, der die Bewohner in der Kirche zusammenrief und betete, dass sie verschont bliebe. Angeblich endete der Lavastrom direkt vor der Kirche *(siehe S. 114)*.

Eldfell

Der Ausbruch des Vulkans auf der zu den Vestmannaeyjar gehörenden Insel Heimaey begrub 1973 ein Drittel der Stadt unter Lava, den Rest unter Asche. Der Hafen wurde gerettet, indem man Seewasser auf den Lavastrom pumpte. Die verbliebene Lavamasse schützt heute den Hafen vor der Brandung. ✆ *Karte C6*

Katla

1918 stürzten bei der letzten Eruption des äußerst aktiven Vulkans, der an der Südküste unter dem Gletscherschild des Mýrdalsjökull liegt, Schmelzwasser und Gerölllawinen in die Täler. Jüngste Aktivitäten wie Erdbeben in der Caldera deuten einen erneuten Ausbruch an. ✆ *Karte D6*

Grímsvötn

Der aktivste Vulkan Islands liegt 400 Meter tief unter der Eiskappe Vatnajökull. 1995 zerstörte ein unter der Gletscherzunge Skeiðarárjökull hervorbrechender Gletscherlauf *(jökulhlaup)* einige Brücken. Im Mai 2011 fand ein weiterer Ausbruch statt. ✆ *Karte E4*

Krafla

Wegen der sogenannten Krafla-Feuer (1975–84) nordöstlich des Mývatn verzögerte sich die Fertigstellung des Geothermiekraftwerks Leirbotn um mehr als zehn Jah-

Heiße Quelle am Fuß des Krafla

re. Die zusätzliche natürliche Wärmequelle könnte die geplante Leistung des Kraftwerks von 60 Megawatt jedoch erhöhen *(siehe S. 17)*.

Askja

In der ausgedehnten Caldera ereignete sich im Winter 1875 eine gewaltige Eruption: Etwa zwei Kubikkilometer Fels wurden zu Staub zermahlen, der als dicke Bimssteinschicht über dem Nordosten Islands niederging. Viele Bauern der Region verließen ihre unter Asche begrabenen Höfe und wanderten nach Kanada aus. Der letzte Ausbruch in der Askja-Region fand 1961 statt. ✆ *Karte F3*

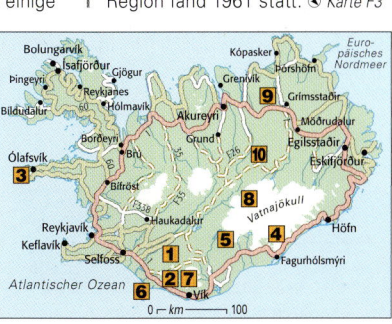

Jón Steingrímssons schriftliche Dokumentation des Lakagígar-Ausbruchs ist bis heute eine wichtige Quelle für die Wissenschaft.

39

Links **Vox** Rechts **Fiskmarkaðurinn**

off

Gehobene Restaurants

1 Grillið

Das elegante Dachrestaurant im achten Stock des Radisson-Hotels in Reykjavík serviert exquisite Speisen. Die gebratene Scholle mit isländischem Käse und der gegrillte Kaiserhummer mit Kohlrabi sind köstlich. In der Astra Bar kann man Drinks mit Blick auf die Stadt genießen.
◈ *Karte J3 • Radisson Blu Saga Hótel, Hagatorg, 107 Reykjavík • 525 9960 • Di–Sa 18–22 Uhr • kkkkk*

2 Perlan

Das Ambiente des Perlan beeindruckt: Das von einer Glaskuppel überdachte, sich drehende Restaurant bietet fantastische Aussicht auf die Stadt. Die Qualität der Speisen steht der prächtigen Einrichtung oft nach, das gegrillte Lammfilet und die Wildgerichte sind jedoch gut. ◈ *Karte M6 • Öskjuhlíð, 125 Reykjavík • 562 0200 • 18.30–22.30 Uhr • kkk*

3 Gallery

Die Lobby des mondänen Restaurants zieren Werke einheimischer Künstler. Der in Frankreich ausgebildete Küchenchef Friðgeir Ingi Eiríksson serviert klassische französische Speisen wie gebratenen Seeteufel mit Fenchel. Die Weinkarte ist exzellent.
◈ *Karte L3 • Hótel Holt, Bergstaðastræti 37, 101 Reykjavík • 552 5700 • tägl. 12–14 Uhr & 18.30–22.30 Uhr • kkkk*

4 Vox

Das Restaurant verwendet frische regionale Zutaten: Fisch kommt direkt von Trawlern, Wild von spezialisierten Farmen, Saiblinge aus den Seen vor Ort. Das Bistro bietet mittags ein Büfett.
◈ *Karte R4 • Hilton Reykjavík Nordica, Suðurlandsbraut 2, 108 Reykjavík • 444 5050 • Mi–Sa 11.30–22.30 Uhr, So 11.30–15 Uhr • kkkkk*

5 Grillmarkaðurinn

Die beiden preisgekrönten Küchenchefs arbeiten eng mit den Bauern in der Region zusammen. Unter den frischen saisonalen Gerichten sind Kabeljau mit Hummersalat und Topinambur mit Äpfeln besonders zu empfehlen. ◈ *Karte L2 • Lækjargata 2a, 101 Reykjavík • 571 7777 • tägl. 18–22.30 Uhr (Fr & Sa bis 23.30 Uhr), Mo–Fr auch 11.30–14 Uhr • kkkk*

6 Kolabrautin

In dem Restaurant im vierten Stock der Konzerthalle Harpa

Gallery

off
40   *Eine gute Flasche Wein ist in etwa so teuer wie ein Essen für eine Person.*

off
Top 10 Island

lässt sich bei herrlichem Blick auf die Stadt innovative nordische Küche genießen. Auch die Cocktailbar ist exzellent *(siehe S. 77)*.

7 Kopar

Das reizende, am Ufer gelegene Restaurant ist das einzige in Island, das Felsenkrabben serviert. Auch die gebratenen Dorschzungen mit Rahmkäse und Zitrone sind köstlich. Es werden außergewöhnliche Cocktail-Kreationen angeboten. ✆ *Karte K1 • Geirsgata 3, 101 Reykjavík • 567 2700 • Mo–Sa 11.30–14 Uhr (Fr & Sa auch 18–22.30 Uhr), So 18–22.30 Uhr • kkkk*

8 Fiskmarkaðurinn

Das Sushi in dem asiatischen Restaurant ist fantastisch. Es werden häufig regionale Produkte verwendet. Die schmackhaften, pro Tisch servierten Menüs bieten ein gutes Preis-Leistungs-Verhältnis. ✆ *Karte K2 • Aðalstræti 12, 101 Reykjavík • 578 8877 • tägl. 11.30– 14 Uhr & 18–23.30 Uhr • kkkkk*

9 Sjávargrillið

In dem im Stadtzentrum gelegenen, von Kerzen erleuchteten Restaurant genießen Gäste traditionelle Speisen wie marinierten Zwergwal, Papageitaucher und *skyr* in gemütlicher Atmosphäre. ✆ *Karte L3 • Skólavörðustíg 14, 101 Reykjavík • 571 1100 • Mo–Sa 11–16 Uhr & 17–22 Uhr, So 17–22 Uhr • kkkk*

10 Fjöruborðið

Das von Reykjavík eine Autostunde entfernt gelegene Lokal in einem alten Holzhaus in Stokkseyri ist für Hummer berühmt, bietet aber z. B. auch Lammgerichte. Reservierung ist erforderlich. ✆ *Karte C5 • Eyrarbraut 3a, Stokkseyri • 483 1550 • Juni–Aug: tägl. 12–21 Uhr; Okt–Apr: Mi–Fr 17–21 Uhr, Sa & So 12–21 Uhr; Mai & Sep: Mo–Fr 17–21 Uhr, Sa & So 12–21 Uhr • kkkk*

Top 10 Isländische Spezialitäten

1 Lamm
Lamm bildet den Kern der isländischen Küche. Es wird frisch, geräuchert, zu Wurst verarbeitet oder gepresst und in Molke eingelegt verzehrt.

2 Hummer
Exzellente Gerichte sind vielfach zu finden. Mit Butter, etwas Knoblauch und Sahne servierte Hummerschwänze sind köstlich.

3 Lachs
Das Fleisch der Lachse aus dem Atlantik ist fest und reichhaltig. Lachs wird meist geräuchert oder mit Kräutermarinade gebeizt als *graflax* serviert.

4 Kaviar
Isländischer Kaviar stammt von Lodden oder Seehasen. Er ist ebenso köstlich wie der klassische Störrogen.

5 Kabeljau
Den Fisch gibt es getrocknet als *harðfiskur*, frisch gekocht und als Suppenzutat.

6 Hákarl
Der zum Abbau von Giftstoffen sechs Monate lang in Sand fermentierte Grönlandhai ist gewöhnungsbedürftig.

7 Brennivín
Den mit Kümmel gewürzten, liebevoll »Schwarzer Tod« genannten isländischen Wodka sollte man maßvoll genießen.

8 Skyr
Das mit Quark vergleichbare Milchprodukt ist in vielen Geschmacksrichtungen in Supermärkten erhältlich.

9 Seesaibling
Der Süßwasserfisch mit feinem Aroma wird u. a. im Þingvallavatn und im Mývatn gefischt.

10 Schneehuhn
Der rebhuhnartige Vogel wird in Island als traditioneller Weihnachtsbraten serviert.

Preiskategorien der Restaurants siehe S. 77

Links **Icelandic Fish & Chips** Rechts **Jómfrúin**

TOP 10 Preiswerte Lokale in Reykjavík

1 Grænn Kostur

Das alteingesessene Restaurant bietet Vegetariern und Veganern reiche Auswahl. Auch hefe-, zucker- und glutenfreie Speisen werden angeboten. Die Preise für die großen Portionen sind relativ günstig. Nach den köstlichen Suppen und Currys locken himmlische Desserts. Die Speisekarte wechselt täglich. *Karte L3 • Skólavörðustíg 8b • 552 2028 • Mo–Sa 11.30–21 Uhr, So 13–21 Uhr • k*

2 Café Garðurinn

Die Menüs in dem vegetarischen Café wechseln wöchentlich. Die Gerichte sind innovativ und schmackhaft. Es werden Eintöpfe, Pasta und Crêpes angeboten, besonders lecker sind aber die mit Brot servierten Suppen und die Quiches. Das »Gericht des Tages« ist sehr preiswert. Auch Kaffee und Kuchen empfehlen sich. *Karte M2 • Klapparstígur 37 • 561 2345 • Mo, Di, Do & Fr 11–18.30 Uhr (Mai–Sep bis 20.30 Uhr), Mi 11–17 Uhr, Sa 12–17 Uhr • k*

3 Jómfrúin

Das Lokal ist mehr als ein dänischer Sandwichladen: Smørrebrød ist mit Garnelen, Hering, geräuchertem Lammfleisch, Käse und zahllosen anderen, auf einer dicken Scheibe Roggenbrot stilvoll angerichteten Zutaten erhältlich. Die Variante mit gebratenem Schollenfilet ist köstlich. *Karte L2 • Lækjargata 4 • 551 0100 • tägl. 11–18 Uhr • kk*

4 The Tower

Das höchstgelegene Restaurant Islands bietet am Wochenende ein üppiges Brunch-Büfett, das Suppen, Salate, Eier, Speck, Steaks und Schokoladenkuchen beinhaltet. Das Restaurant befindet sich im 19. Stockwerk des Smáratorg-Turms, dem im Stadtteil Kópavogur in Reykjavík gelegenen höchsten Gebäude des Landes. *Karte Q5 • Smáratorg 3, 201 Kópavogur • 575 7500 • Do–So 18–23 Uhr (Sa & So auch 11–15 Uhr) • kkk*

5 Laundromat Café

Das nette Café in einem mit unauffällig platzierten Maschinen ausgestatteten Waschsalon bietet neben gutem Frühstück und exzellentem Brunch eine große Auswahl an Büchern, Zeitschriften und Brettspielen. Für Kinder stehen ein hübsches Spielzimmer und ein Leseraum zur Verfügung. Abends verwandelt sich das Café in eine lebhafte Bar. *Karte L2 • Austurstræti 9 • 587 7555 • Mo–Do 8–13 Uhr, Fr 8–15 Uhr, Sa 10–15 Uhr, So 10–13 Uhr • kk*

Laundromat Café

Restaurant-Tipps **siehe S. 127**

Hamborgara Búllan

Das kleine Lokal in einem Betonbau aus den 1950er Jahren mit Glasfront liegt an einer Ecke der Hafenzufahrt. Es serviert – ausschließlich – hervorragende Hamburger. Nach einer Bootstour zur Walbeobachtung bietet das Lokal deftige Stärkung. Das Hamborgara Búllan ist stets gut besucht, es bilden sich oft Warteschlangen. ✆ Karte K1 • Geirsgata 1 • 511 1888 • tägl. 11.30–21 Uhr • k

Krúa Thai

Das Krúa Thai zählt zu den wenigen Lokalen in Island, die Mahlzeiten – wenngleich diese nur aus einem Gang bestehen – in bester Restaurantqualität servieren. In legerer Fast-Food-Atmosphäre sind leckere Gerichte von Panang Curry bis tom kha gai erhältlich. Auch das Bier ist preiswert. ✆ Karte L2 • Tryggvagata 14 • 561 0039 • Mo–Fr 11.30–21.30 Uhr, Sa 12–21.30 Uhr, So 17–21.30 Uhr • k

Icelandic Fish & Chips

Das nette Lokal im alten Hafen von Reykjavík bietet seinem Namen entsprechend isländischen Kabeljau, Scholle, Heilbutt und Seewolf mit einer Auswahl würziger Mayonnaisen und Pommes frites aus dem Ofen. Die Speisen sind lecker und hervorragend zubereitet. ✆ Karte K2 • Tryggvagata 8 • 511 1118 • Mo–Fr 11.30–21 Uhr, Sa & So 12–22 Uhr • kk

Þrír Frakkar

Das auf Fisch spezialisierte Restaurant »Drei Mäntel« ist in einem pinkfarbenen Haus in einem ruhigen Wohnviertel untergebracht. Es serviert Forelle, Hummer und

Þrír Frakkar

Suppen mit französisch-asiatischem Touch. Gebratene Trottellummenbrust, geräucherter Papageitaucher, Walsteak und Pferdefilet sind traditionelle isländische Spezialitäten. ✆ Karte L3 • Baldursgata 14 • 552 3939 • Mo–Fr 11.30–14.30 Uhr & 18–22 Uhr, Sa & So 18–23 Uhr • kkkk

Ítalía

Das alteingesessene, schlichte italienische Restaurant bietet Pasta, Pizza und Hühnchen in gefälliger, gemütlicher Atmosphäre. Die Qualität der Speisen ist durchwegs gut. Die Pizza mit Parmaschinken, der Baccalà und die Penne all'arrabiata sind besonders empfehlenswert. ✆ Karte L2 • Laugavegur 11 • 552 4630 • tägl. 11.30–23.30 Uhr • kkkk

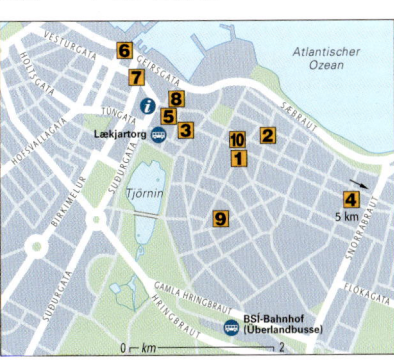

Links **Götubarinn, Akureyri** Rechts **Kaffi Amor, Akureyri**

TOP 10 **Bars, Clubs & Cafés**

1 Austur Steikhús

Das im Stadtzentrum gelegene Austur Steikhús ist ein erstklassiges Steakhaus mit Bar. Die Gerichte mit isländischem Rindfleisch zeigen französische und japanische Einflüsse. Die Küche hat bis 22 Uhr geöffnet. Donnerstags bis samstags verwandelt sich das Steakhaus anschließend in einen bei einheimischen Prominenten und Gästen aus der Medienbranche beliebten Club.
⊗ *Karte L2 • Austurstræti 7, 101 Reykjavík • 568 1907 • Mo–Mi 11–22 Uhr, Do 11–1 Uhr, Fr 11–4.30 Uhr, Sa 18–4.30 Uhr*

2 B5

Das ruhige Café mit eigener Bibliothek wird nach Einbruch der Dunkelheit zu einem beliebten Club mit Bar. Die beiden privaten Lounges – eine befindet sich in dem einstigen Tresorraum einer Bank – können von Gruppen angemietet werden. ⊗ *Karte L2 • Bankastræti 5, 101 Reykjavík • 552 9600 • So–Mi 11–24 Uhr, Do 11–1 Uhr, Fr & Sa 11–3 Uhr • www.b5.is*

3 Lebowski Bar

Fans des Films *The Big Lebowski* begeistert die urige Bar mit Bowling-Motto. Sie bietet köstliche Burger und 18 Variationen des Cocktails White Russian. Am Glücksrad kann man sich Gratisgetränke erspielen. Am Wochenende locken DJs und Bands zahlreiche Gäste an. ⊗ *Karte M2 • Laugavegur 20a, 101 Reykjavík • 552 2300 • So–Do 11.30–1 Uhr, Fr & Sa 11.30–4 Uhr • www.lebowskibar.is*

4 Micro Bar

Die winzige Bar an der Rückseite des City Center Hotel bietet knapp 90 verschiedene Flaschenbiere und Biere vom Fass. Viele der Sorten sind in Island ansonsten nicht erhältlich. Die Bar wird von den Betreibern der im Norden gelegenen Mikrobrauerei Gæðingur geführt. ⊗ *Karte L2 • Austurstræti 6, 101 Reykjavík • 847 9084 • tägl. 14–24 Uhr*

5 Bjarni Fel

Die nach dem isländischen Fußballspieler und Sportkommentator Bjarni Felixson benannte Bar ist bei einheimischen beliebt. Bei einem kühlen Bier und guten Bar-Gerichten kann man auf den Bildschirmen Sportübertragungen verfolgen. ⊗ *Karte L2 • Austurstræti 20, 101 Reykjavík • 561 2240 • So–Do 12–1 Uhr, Fr & Sa 12–4.30 Uhr*

Bar im B5, Reykjavík

 In den Clubs herrscht vor 23 Uhr wenig Betrieb.

6 Prikið

Das im Stil eines amerikanischen Diner der 1950er Jahre eingerichtete Prikið serviert Milchshakes, Pfannkuchen und Chicken Burritos. Dank der Lage an der wichtigsten Shoppingmeile der Stadt eignet es sich hervorragend zum Leutebeobachten. Abends verwandelt sich das Prikið in einen Club, in dem zu Hip-Hop getanzt wird *(siehe S. 76).* ⊗ *Karte L2 • Bankastræti 12, 101 Reykjavík • 551 2866 • Mo–Do 8–1 Uhr, Fr 8–4.30 Uhr, Sa 12–4.30 Uhr, So 12–1 Uhr • www.prikid.is*

7 Kaffibarinn

Das Gebäude mit außergewöhnlicher roter Wellblechfassade ist nahe der Haupteinkaufsgegend von Reykjavík gelegen. Die Tische des Lokals, in dem Kunstmagazine ausliegen, werden von Kerzen erleuchtet. Das Kaffibarinn ist ein beliebter Treffpunkt vor Clubnächten. Zuweilen treten Bands auf. ⊗ *Karte L3 • Bergstaðastræti 1, 101 Reykjavík • 551 1588 • So–Do 16.30–1 Uhr, Fr & Sa 15.30–4.30 Uhr • www.kaffibarinn.is*

8 Kaffi Amor

Das Kaffi Amor liegt direkt am »Ring«, dem zentralen Platz in Akureyri. Es ist wahrscheinlich das einzige Café außerhalb Reykjavíks, das Großstadtflair verströmt. Tagsüber kann man bei einem Kaffee an den Tischen im Freien wunderbar Leute beobachten. Nach Einbruch der Dunkelheit lädt das Café zu Drinks ein. Gelegentlich spielen Bands. Auf Fernsehern laufen Sportübertragungen. ⊗ *Karte E2 • Ráðhústorg 9, Akureyri • 461 3030 • So–Do 11–1 Uhr, Fr & Sa 11–4 Uhr*

Lebowski Bar, Reykjavík

9 Slippbarinn

Die Bar im Hotel Reykjavík Marina bietet wunderschöne Sicht auf den Hafen. Die beeindruckende Cocktailkarte wechselt monatlich. Es finden Konzerte, Kunstdarbietungen und Comedyshows statt. Am Wochenende wird Brunch serviert, täglich von 12 bis 13 Uhr und von 16 bis 18 Uhr ist Happy Hour. ⊗ *Karte K1 • Mýrargata 2, 101 Reykjavík • 560 8080 • So–Do 11.30–24 Uhr, Fr & Sa 11.30–1 Uhr • www.slippbarinn.is*

10 Götubarinn

Die Auswahl an Biersorten in der reizenden Bar im Zentrum von Akureyri beeindruckt. Die einzigartige Inneneinrichtung erweist u. a. mit alten Straßenschildern der Geschichte der Stadt Reverenz. Die Bar ist ein beliebter Treffpunkt. ⊗ *Karte E2 • Hafnarstræti 95/96, 600 Akureyri • 462 4747 • Do 17–1 Uhr, Fr & Sa 17–4 Uhr*

Das Mindestalter für den Konsum von Alkohol liegt in Island bei 20 Jahren.

45

Links **Enten füttern am Tjörnin** Mitte **Junge Reiterin** Rechts **Hotdog-Stand Bæjarins Bestu**

Attraktionen für Kinder

Schwimmen
Vor allem nach langen Autofahrten bieten Swimmingpools Kindern hervorragende Möglichkeiten, sich auszutoben. Nahezu jeder Ort Islands bietet einen beheizten Pool. Diese liegen meist im Freien. Bei Schnee macht das Baden im warmen Wasser besonders viel Spaß.

Vögel füttern am Tjörnin
Am Tjörnin *(siehe S. 74)* in Reykjavík kann man Graugänse, Singschwäne, Stock- und Eiderenten füttern. In Juni und Juli sind viele Küken an dem See zu sehen. Freche Möwen versuchen allerdings, die Brotkrumen wegzuschnappen.

Museen
Kinder haben im Freilichtmuseum Árbæjarsafn *(siehe S. 61)* und im Puppenmuseum Brúðuheimar *(siehe S. 63)* in Borgarnes Spaß. Auch das Sagen-Museum Sögusetrið *(siehe S. 110)* in Hvolsvöllur mit vielen Schwertern und

Swimmingpool, Laugardalur

3-D-Schaubildern, das Museum Landnámssitur Íslands *(siehe S. 79)* in Borgarnes mit Darstellungen der *Egils saga* sowie das Walmuseum Húsavík *(siehe S. 63)* mit den riesigen Skeletten stoßen bei kleinen Besuchern auf reges Interesse.

Hotdogs essen
Ein Besuch des Hotdog-Stands Bæjarins Bestu im Zentrum von Reykjavík mag zwar nicht zu den kulturellen Highlights zählen, ist aber dennoch eine typisch isländische Erfahrung. Junge Einheimische stehen vor dem Stand Schlange, um einen der fantastischen Hotdogs *(pylsur)* zu erwerben. ✆ *Karte L2* • *Tryggvagata, 101 Reykjavík*

Hafen von Reykjavík
In Reykjavíks betriebsamem Hafen fahren viele bunte Fischerboote und Trawler ein und aus oder werden zur Reparatur auf Helligen gehievt. Im Wasser kann man Quallen sehen. Das Hamborgara Búllan *(siehe S. 43)* in der Geirsgata und Icelandic Fish & Chips *(siehe S. 43)* in der Tryggvagata laden zur Rast ein. ✆ *Karte K1*

Reiten
Die kleinen stämmigen Islandpferde haben ein ruhiges Naturell. Sie eignen sich gut für Kinder und Anfänger. Die meisten Reitschulen sind bezüglich der Termine und Dauer der Ausritte sehr flexibel und gut auf Kinder eingestellt *(siehe S. 50)*.

Weitere Museen in Reykjavík **siehe S. 60f**

Botanischer Garten, Reykjavík

7 Picknick im Botanischen Garten, Reykjavík

Der nahe dem Stadtzentrum von Reykjavík gelegene Laugadalur-Park *(siehe S. 73)* ist ein wunderschönes Ziel für einen Familienausflug mit Picknick. Auf der Anlage sind frei lebende Gänse und Enten zu sehen, im Sommer blühen heimische Blumen. Der kleine Zoo beherbergt zahlreiche heimische Tiere und Vögel.

8 Wale beobachten

Island bietet gute Möglichkeiten, Zwerg- und Buckelwale, Orcas, Pottwale und sogar die seltenen Blauwale zu sichten. Húsavík *(siehe S. 94)* ist der beste Ort für Walbeobachtungen.

9 Trolle jagen

Die hinterhältigen, Unheil bringenden Riesen hausen angeblich vielerorts in Island. Die Geisterwesen werden im Sonnenlicht zu Stein. Wer genau hinsieht, kann in Lavafeldern, Felsformationen und Brandungspfeilern die erstarrten Figuren entdecken.

10 Strandgut sammeln

Die Strände Islands sind voller Souvenirs – von Vogelfedern über interessant geformte Kieselsteine bis hin zu aus Sibirien angeschwemmten Baumstümpfen. Mit ein wenig Glück sind auch Walknochen zu finden.

Top 10 Isländische Volkssagen

1 Fjalla-Eyvindur

Der geächtete Dieb soll im Mittelalter mit seiner Frau Halla Jónsdóttir 20 Jahre Flucht überlebt haben.

2 Der Schatz am Skógafoss

Der Sage nach vergrub der Wikinger Þrasi Þórólfsson einen Goldschatz in einer Höhle hinter dem Skógafoss.

3 Der Wal von Hvalfjörður

Die Westküste soll von einem bösartigen Wal heimgesucht worden sein, bis dieser in eine Falle gelockt wurde.

4 Ormurinn, die Schlange von Lagarfljót

Ähnlich dem schottischen Loch Ness birgt der Lögurinn-See nahe Egilsstaðir angeblich ein Seeungeheuer.

5 Berþór

Der nette Riese aus Bláfell beim Großen Geysir soll im Jahr 1000 gestorben sein.

6 Der verliebte Schäfer

Der junge Mann soll aus Liebe zu einer Schäferin durch den Fluss Hvítá gewatet sein.

7 Sæmundur, der Gelehrte

Der Gründer einer Glaubensgemeinschaft (11. Jh.) soll sich auf den Teufel eingelassen und diesen besiegt haben.

8 Entstehung des Öxarárfoss

Der Wasserfall soll 930 n. Chr. durch Umleitung des Flusses Öxará nach Þingvellir entstanden sein.

9 Robben

In Ufernähe schwimmende Robben nehmen angeblich oft menschliche Gestalt an.

10 Snorri

Der Sage nach versteckte sich der listige Dieb in einer Höhle in Þórsmörk.

Links **Wandern im Nationalpark Skaftafell** Rechts **Golfspieler in Reykjavik**

Top 10 Sport & Aktivurlaub

1 Wandern

Auf Wanderungen kann man die wilde Landschaft Islands am besten erkunden. Auf den markierten Wanderwegen lassen sich einstündige bis eine Woche dauernde Touren unternehmen. Die schönsten Strecken in Landmannalaugar, in den Nationalparks Jökulsárgljúfur und Skaftafell sowie in Þórsmörk führen durch Wiesen mit Wildblumen, Eis- und Lavafelder sowie schwarze Sandwüsten. ✎ www.fi.is, www.mountainguides.is

2 Schwimmen

Fast alle Orte in Island besitzen 28 °C warme Thermalfreibäder, die stets auch 34 bis 38 °C warme Becken sowie zuweilen Saunen und Rutschen bieten.

3 Reiten

Islands Pferderasse brachten die Wikinger mit. Die Pferde sind zwar kleiner und weniger schnell als Araber, bieten aber mit der gleichsam schwebenden Gangart Tölt Reitern ein wunderbares Erlebnis. Viele Reitschulen und Farmen bieten Ausritte an. ✎ www.eldhestar.is, www.ishestar.is

4 Angeln

Hochseeangeln ist in Island noch wenig verbreitet. Es gibt aber viele Möglichkeiten, Forellen, Lachse und Saiblinge zu angeln (siehe S. 64f). Lizenzen sind erforderlich: Die für Forellen und Saiblinge bekommt man sofort, die für Lachse muss man beantragen. ✎ www.icelandangling.com

5 Rafting

Islands Flüsse sind klein, aber spektakulär. Sie verlaufen in reißenden Schnellen durch enge Schluchten. Auf zwei der längsten Flüsse – Þjórsá und Hvítá – gibt es im Sommer Raftingtouren. ✎ www.arcticrafting.is, www.rafting.is

6 Schneemobilfahren

Schneemobilfahrten sind teuer. Es bereitet jedoch großen Spaß, mit den 40 km/h schnellen Fahrzeugen über Gletscher und Schneefelder zu sausen. Der Ausläufer des Vatnajökull Skálafellsjökull bietet beste Bedingungen. ✎ www.glacierjeeps.is

7 Jeepfahren

Die Lavafelder, Eiskappen und von Gletscherflüssen durchzogenen Geröllebenen im Landesinneren sind nur mit Vierradantrieb befahrbar. Busse erfüllen diese Voraussetzung, private Unternehmen bieten Jeeptouren an. ✎ www.glacierjeeps.is

Ein Jeep durchquert einen Bach im Hochland

➤ Vorhergehende Doppelseite **Kajakfahren in Gletschernähe**

8 Skifahren & Snowboarden

Zum Skifahren und Snowboarden im Winter gibt es Anlagen rund um Reykjavík, Akureyri, Hlíðarfjall und in den Westfjorden mit Skiliften, Unterkünften und Abfahrten mit unterschiedlichen Schwierigkeitsgraden. Am besten erreichbar sind Bláfjöll außerhalb Reykjavíks, die westlichen Hänge des Snæfellsjökull und die Langlaufloipen rund um den Mývatn.

❧ www.skidasvaedi.is

Skifahrer in Arnarstapi

9 Tauchen

Sporttauchen ist in Island nur in der Silfra-Spalte und an weiteren Stellen am See Þingvallavatn möglich. Silfra gilt als eines der besten Süßwasser-Tauchgebiete der Welt. Es bietet kristallklares blassblaues Wasser über interessanten Lavaformationen. ❧ Karte C5 • www.dive.is, www.diveiceland.com

10 Golf

Die ersten Golfclubs Islands entstanden in den 1930er Jahren. Danach nahm das Interesse an der Sportart rasch zu. Island bietet heute über 65 Golfplätze – von eigentümlichen Neun-Loch- bis zu international bekannten 18-Loch-Anlagen. Turniere sind u. a. die Arctic Open in Akureyri und die Volcano Open auf der Insel Heimaey (siehe S. 36f).

Top 10 Orte zum Baden & Schwimmen

1 Blaue Lagune
Blaues Wasser, Dampf und schwarzes Lavagestein kennzeichnen das exzellente Thermalfreibad (siehe S. 10f).

2 Laugardalur
Das beste Freibad von Reykjavík bietet ein Planschbecken für Kinder und eine Sauna (siehe S. 73).

3 Borgarnes
Das Schwimmbad der Stadt bietet schönen Blick auf die umliegende Landschaft. ❧ Karte B4 • Mo–Fr 7–21 Uhr, Sa & So 9–18 Uhr • Eintritt

4 Landmannalaugar
In grauem und orangefarbenem Rhyolitgebirge liegen zwischen Lavawänden heiße Quellen (siehe S. 24f).

5 Jarðböðin
Das Thermalfreibad liegt an einem Hang in vulkanischer Landschaft (siehe S. 17).

6 Selárdalslaug
Das kleine Freibad befindet sich nahe Vopnafjörður an den reißenden Wassern des Flusses Selá. ❧ Karte G2 • tägl. 10–22 Uhr

7 Krossneslaug
Die heißen Quellen nahe Norðurfjörður (siehe S. 89) im Norden sind herrlich.

8 Hofsós
Das Wasser in dem an der Küste gelegenen Bad scheint in den Ozean überzugehen. ❧ Karte D2

9 Grettislaug
Das Becken in Sauðárkrókur (siehe S. 93) gilt als Bad der Sagenfigur Grettir.

10 Laugarvatn
Nahe dem Großen Geysir befindet sich die große Freibadanlage der Nationalen Sportschule. ❧ Karte C5 • Mo–Fr 10–21 Uhr, Sa & So 10–18 Uhr • Eintritt

Links **Eiderente, Vigur** Mitte **Basaltsäulen, Viðey** Rechts **Schneehuhn, Hrísey**

TOP 10 Küstennahe Inseln

1 Viðey
Auf der flachen Insel vor Reykjavík siedelten bedeutende historische Persönlichkeiten, darunter der letzte katholische Bischof des Landes, Jón Arason, und der Landvogt Skúli Magnússon, der 1755 auf Viðey das erste Steinhaus Islands erbaute. Heute bietet der zu Ehren John Lennons auf der Insel errichtete runde Friðarsúlan (Imagine Peace Tower) eine nächtliche Lightshow. ⊗ *Karte P5 • tägl. Fähren ab Reykjavík • www.videy.com*

2 Lundey
Island besitzt mehrere Lundey (Papageitaucher-Insel) genannte Inseln. Auf der nahe Reykjavík gelegenen Insel sind die namensgebenden Vögel tatsächlich zu beobachten. Die Tiere suchen Lundey von April bis August zum Brüten auf. Besucher dürfen die Insel nicht betreten, Ausflugsboote bieten jedoch im Sommer täglich Rundfahrten um Lundey an. ⊗ *Karte P5 • Bootstouren von Reykjavík • www.elding.is*

3 Vigur
Zu der kleinen Insel in den Westfjorden führen Halbtagestouren ab Ísafjörður. Auf Vigur leben Papageitaucher, Küstenseeschwalben und viele Eiderenten, mit deren Daunen Bettdecken und Jacken gefüllt werden. Es werden nur abgeworfene Brustfedern gesammelt. ⊗ *Karte B2 • Mitte Juni–Ende Aug: tägl. Fähren ab Ísafjörður • www.vesturferdir.is*

4 Hrísey
Die Insel an der Nordküste nahe Akureyri ist für die immense Anzahl wild lebender, aber völlig zahmer Schneehühner bekannt. Die Vögel sind zwar in ganz Island verbreitet, können in manchen Jahren jedoch selten sein. Hrísey bietet stets gute Möglichkeiten, die Tiere zu beobachten. ⊗ *Karte E2 • tägl. Fähren ab Árskógssandur • www.visitakureyri.is*

5 Grímsey
Der nördlichste Punkt Islands ist der einzige Landesteil, durch den der Polarkreis verläuft. Im

Hrísey

Die Endung ey *an Ortsbezeichnungen bedeutet »Insel«.*

Flatey

Sommer geht um den 21. Juni die Sonne auf der Insel einige Tage lang nicht unter, Ende Dezember gibt es kein Sonnenlicht. Auf den Klippen leben unzählige Seevögel. ✎ *Karte E1 • Tagestouren mit Fähren ab Dalvík Mo – Mi & Fr 9 Uhr; mehrere Flüge pro Woche ab Akureyri • www.akureyri.is/grimsey*

Papey

Die »Mönchsinsel« ist nach den christlichen Eremiten benannt, die bei Ankunft der Wikinger auf Papey gelebt haben sollen. Heute beheimatet die nur 60 Meter aus dem Meer ragende, zwei Quadratkilometer große Insel Papageitaucher, Schafe und die kleinste Kirche Islands. ✎ *Karte H4 • Juni – Aug: tägl. Fähren ab Djúpivogur*

Flatey

Auf der Insel im Breiðafjörður zwischen Snæfellsnes und den Westfjorden befand sich im 12. Jahrhundert ein bedeutendes Kloster. Später war Flatey durch die illuminierte mittelalterliche Handschrift *Flateyjarbók* mit der *Grænlendinga saga* berühmt, die nun im Safnahúsið in Reykjavík zu sehen ist. Der Osten der Insel ist Schutzgebiet für brütende Seevögel. ✎ *Karte E2 • tägl. Fähren ab Stykkishólmur – Brjánslækur • www.seatours.is*

Heimaey

Vogelreichtum, Vulkane, Wikingerandenken und Wanderwege lohnen einen mehrtägigen Aufenthalt auf Heimaey. Der Ort gleichen Namens liegt am Nordende der Insel. Er wurde bei einem Vulkanausbruch 1973 beinahe zerstört. ✎ *Karte C6 • Mitte Mai – Mitte Sep: tägl. Fähren nach Herjólfur ab Þorlákshöfn & Landeyjahöfn; Flüge ab Reykjavík & Bakki • www.eimskip.is*

Eldey

Die charakteristischen Felsklippen der 15 Kilometer von Islands südwestlichster Spitze entfernten Insel ragen 77 Meter hoch aus dem Atlantik. Das Plateau beherbergt die größte Basstölpelkolonie Europas. Im Jahr 1844 wurde auf der Insel das letzte bekannte Brutpaar des Riesenalks getötet. ✎ *Karte B5*

Surtsey

Die Insel entstand 1963 durch den Ausbruch eines unter Wasser gelegenen Vulkans südwestlich von Heimaey. Aufgrund von Erosion ist die Insel heute nur etwa 2,5 Quadratkilometer groß. Biologen untersuchen den Prozess der natürlichen Ansiedlung von Pflanzen und Tieren auf Surtsey. Die Insel ist UNESCO-Welterbestätte. Sie darf nur von Wissenschaftlern betreten werden. ✎ *Karte C6*

Mehr über die Tierwelt Islands siehe S. 34f

Akkordeonspieler beim Menningarnótt in Reykjavik

Festivals

Menningarnótt

Während der »Kulturnacht« Mitte August wird das Zentrum von Reykjavík für den Autoverkehr gesperrt. Über der Stadt erstrahlt ein Feuerwerk. Auf den Bühnen treten Amateure auf, manchmal sind auch bekannte Musikgruppen zu hören.

Kvikmyndahátíð

Ende September werden bei dem Isländischen Filmfestival die besten Filme des Jahres aus aller Welt gezeigt. Die Retrospektive isländischer Filme beinhaltet Meisterwerke wie *Djöflaeyjan (Devil's Island)*, *101 Reykjavík* und *Sódóma Reykjavík*. 🕹 *www.riff.is*

Listahátíð

Das zweiwöchige Festival bietet Mitte Mai Konzerte, Oper, Ballett und Theater. Es wird seit 1970 veranstaltet. Die Darbietungen mit isländischen und internationalen Künstlern finden z. B. in der Nationalgalerie, dem Nordischen Haus und der Konzerthalle Harpa *(siehe S. 72)* statt. Parallelveranstaltungen gibt es den Sommer über in ganz Island. 🕹 *www.listahatid.is*

Djasshátíð

Das in den letzten beiden Augustwochen stattfindende Reykjavík Jazz Festival präsentiert Trends in Jazz und Blues. Das Programm beinhaltet stets Auftritte internationaler Stars, doch auch die einheimischen Musiker überzeugen mit großem Können und breiter Vielfalt. Die Veranstaltung »Guitar Party« ist ein herausragendes Event. 🕹 *www.reykjavikjazz.is*

Fiskidagurinn mikli, Dalvík

Anfang August wird in dem kleinen Fischerdorf Dalvík nahe Akureyri der »Große Fischtag« veranstaltet. Das außergewöhnliche Festival wird von der örtlichen Fischindustrie gesponsert. An Ständen im Freien werden Büfetts mit Fischgerichten aufgebaut. In Häusern, an denen brennende Fackeln hängen, ist kostenlose Fischsuppe erhältlich. 🕹 *Karte E2 • www.fiskidagurinnmikli.is*

Myrkir Músíkdagar

In Jahren mit ungerader Zahl hellt im Februar die »Musik an dunklen Tagen« den Reykjavíker Winter auf. Es werden auch Workshops abgehalten. Die Konzerte zeitgenössischer, fast ausschließlich isländischer Musiker reichen von Avantgarde bis Oper. 🕹 *www.darkmusicdays.is*

Riesige Marionette beim Listahátíð in Reykjavik

Mehr über Musikfestivals in Island **www.icelandmusic.is**

Reykjavik Pride

Top 10 Isländische Musiker

1 Björk
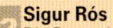
Die Sängerin ist Islands erfolgreichster Musikexport. Sie ist im Ausland deutlich populärer als in ihrer Heimat.

2 Sigur Rós
Die Postrock-Band bietet eine Mischung aus Pop, Klassik und Folk mit einzigartigem Falsettgesang.

3 KK
Der Folkgitarrist Kristján Kristjánsson ist Islands Arlo Guthrie. Er tritt häufig zusammen mit Magnús Eiríksson auf.

4 Stefán Íslandi
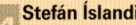
Der 1907 geborene Stefán Íslandi trat in den USA als Operntenor auf. Er starb 1994.

5 Sigrún Hjálmtýsdóttir

Die prominente Sopranistin und Jazzsängerin Sigrún Hjálmtýsdóttir stand bereits mit José Carreras und Placido Domingo auf der Bühne.

6 Kristinn Sigmundsson
Die tragende Bassstimme des Opernsängers ist für die Rolle des Mephistopheles in Berlioz' *Faust* wie geschaffen.

7 Mugison
Die Stimme des von den Westfjorden stammenden Slide-Gitarristen Örn Elías Guðmundsson ist beeindruckend. Er ist musikalisch im Blues-Bereich angesiedelt.

8 Emilíana Torrini
Die isländisch-italienische Sängerin erreichte als erste Isländerin Platz eins in den deutschen Musikcharts.

9 Bubbi Morthens
Morthens bewegt sich zwischen Punk, Bruce Springsteen und Johnny Cash.

10 Kristinn Árnason
Dem brillanten klassischen Gitarristen gelingt der Übergang zum Rock mühelos.

7 Reykjavík Pride
Die Besucherzahlen des seit 1999 jährlich stattfindenden Festivals steigen stetig, obwohl der Termin im August häufig Regenwetter impliziert. Die Parade am Samstag führt vom Busbahnhof Hlemmur aus durch das Stadtzentrum. ⚓ www.reykjavikpride.com

8 Þjóðhátíð, Vestmannaeyjar
Das Festival auf den Vestmannaeyjar lockt Rockfans an, die vier Tage lang in einem Vulkankrater campen. Auf der Bühne wird isländischer Rock gespielt, Alkohol fließt in Strömen. Aufgeheizt baden Tausende Besucher nackt im Meer. ⚓ www.dalurinn.is

9 Kammertonleikar, Kirkjubæjarklaustur
Das Kammermusikfestival, das am ersten Wochenende im August in dem zwischen den größten Lavafeldern Südislands gelegenen Ort stattfindet, präsentiert internationale Künstler. Besucher erhalten Einblick in das Leben in einer isländischen Kleinstadt.
⚓ Karte E5 • www.kammertonleikar.is

10 Síldarævintýri
Die Stadt an der Nordküste war einst der betriebsamste Hafen für Heringsfischer am Nordatlantik. Im August ist sie Schauplatz des als Herring Adventure bekannten Festivals, das Musik von traditionellen Folksängern bis Sigur Rós präsentiert. ⚓ Karte D2

Links **Campingplatz** Mitte **Wegweiser zum Svartifoss** Rechts **Gletscher Eyjafjallajökull**

TOP 10 Wanderwege

1 Laugavegur
Die viertägige Wanderung führt von Landmannalaugar an heißen Quellen und Obsidiangebirgen vorbei. Nach dem Weg auf das verschneite Hrafntinnusker-Plateau folgt ein steiler Abstieg in das grüne Tal bei Álftvatn. Die Strecke passiert viele Gletscherflüsse, die Geröllwüste am Fuß des Gletschers Mýrdalsjökull und Schluchten am Markarfljót, bevor sie in dem Waldgebiet von Þórsmörk endet *(siehe S. 25)*.

2 Fimmvörðuháls
Den Weg von Skógar nach Þórsmörk kann man separat oder im Anschluss an die Wanderung auf dem Laugavegur gehen. Er führt von der Spitze des Wasserfalls in Skógar flussaufwärts bis zu dem Pass zwischen den Eiskappen Eyjafjallajökull *(siehe S. 38)* und Mýrdalsjökull und nach Þórsmörk hinab. ◉ *Karte D6 • Mitte Juni–Sep • im Sommer Busse nach Skógar & Þórsmörk • www.fi.is*

3 Esja
Der 914 Meter hohe Gebirgszug nördlich von Reykjavík bietet schneebedeckte Hänge, die sich im wechselnden Licht zu verwandeln scheinen – die Farben changieren von Tiefbraun zu Hellblau. Der Weg von der Forststation Mógilsá und zurück dauert etwa vier Stunden. ◉ *Karte Q5*

4 Þingvellir
Die bequemen Wanderwege im Tal von Þingvellir nehmen eine

Wanderweg im Nationalpark Þingvellir

bis drei Stunden in Anspruch. Da die überwachsenen Lavaflüsse tiefe Spalten durchziehen, sollte man auf den markierten Wegen bleiben. Die Strecken bieten schöne Aussicht auf das Tal und die verlassene Farm Skógarkot. ◉ *Karte C5 • tägl. Busse ab Reykjavík*

5 Svartifoss
Der Wasserfall Svartifoss, die größte Attraktion im Nationalpark Skaftafell *(siehe S. 19)*, befindet sich an einer leichten Wegstrecke auf dem Skaftafell-Plateau. Von dem Parkplatz beim Gästehaus Bölti ist der 30 Meter hohe Wasserfall in zehn Minuten zu erreichen. ◉ *Karte F5*

6 Ásbyrgi
Der Rand der hufeisenförmigen Schlucht bietet eine herrliche Sicht auf den Norden des Nationalparks Jökulsárgljúfur. Von der Parkdirektion führen Wege fünf Kilometer durch Waldbestand zum Kamm hinauf *(siehe S. 19)*.

➜ *Wanderer sollten stets Proviant und Wasser bei sich haben.*

7 Heiðmörk
Das 28 Quadratkilometer große Areal mit Lavafeldern, Bäumen und Picknickplätzen am Rand von Reykjavík durchziehen einfache Wanderwege. Auf der anschließenden dreistündigen Strecke um den See Elliðavatn lässt sich die Vielfalt der isländischen Flora erleben. ✆ Karte Q6

8 Hveragerði
Auf der Halbtageswanderung durch die dampfenden Berge und Täler nördlich von Hveragerði sollte man wegen der heißen Quellen ein Handtuch mitführen. Morastiger Untergrund, kreuzende Flüsse und zuweilen Dampf freisetzende Spalten prägen den markierten Weg. ✆ Karte C5

9 Von Arnarstapi nach Hellnar
Der kurze Küstenspaziergang bietet herrliche Blicke aufs Meer und den Kegel des Snæfellsjökull. Auch die Statue von Bárður Snæfellsás und brütende Seeschwalben sind zu sehen. ✆ Karte A4

10 Þórsmörk
Für die Tagestouren durch das Hochtal mit dem vielarmigen, vom Mýrdalsjökull überragten Gletscherfluss sind Karten nötig, denn wenige Wege sind markiert. ✆ Karte D6 • Mitte Juni–Aug • tägl. Busse ab Reykjavík • www.re.is

Blick auf den Gletscher Mýrdalsjökull

Top 10 Isländische Wildblumen

1 Weißer Silberwurz (Holtasóley)
Islands Nationalblume mit den kleinen fleischigen Blättern und weißen Blüten wird etwa sieben Zentimeter hoch.

2 Arktisches Weidenröschen (Eyrarós)
Die spät blühende Pflanze besitzt symmetrische rote Blütenblätter.

3 Stängelloses Leimkraut (Lambagras)
Dicke Polster der hellrosa Blume bringen die sumpfigen grauen Hänge zum Leuchten.

4 Wildes Stiefmütterchen (Prenningarfjóla)
Die kleinen Pflanzen mit violetten und gelben Blütenblättern sind im Juni weitverbreitet.

5 Taubenkropf-Leimkraut (Holurt)
Die in kleinen Gruppen stehende weiße Blume besitzt einen kleinen rosa-lila Beutel hinter den Blütenblättern.

6 Wilder Thymian (Blóðberg)
Der Duft der Pflanze mit tiefroten Blüten ist markant.

7 Wald-Storchschnabel (Blágresi)
Die weitverbreitete Pflanze mit geranienartigen Blättern und purpurnen Blüten wird oft über 30 Zentimeter groß.

8 Fettkraut (Lyfjagras)
Die kleine solitäre Pflanze hat hängende blaue Blüten und kreuzförmige Blätter.

9 Waldhyazinthe (Friggjargras)
Die kleinen weißen Blüten und spitzen Blätter sind im Gras leicht zu übersehen.

10 Gegenblättriger Steinbrech (Vetrarblóm)
Die weitverbreitete, bodennahe Pflanze ist früh blühend mit kleinen rosa Blüten.

 Attraktionen für Kinder siehe S. 46f

Links **Solfatare von Námaskarð** Rechts **Blaue Lagune**

TOP 10 Heiße Quellen & Geysire

1 Großer Geysir
Da die unterirdischen Kanäle durch Geröll blockiert sind, ist der Große Geysir, einst Inbegriff heißer Quellen weltweit, nun kaum mehr als ein gefluteter Krater auf der Spitze eines Hügels. Ein schweres Erdbeben 2008 könnte einige Pfropfen gelöst haben: Brodeln und Zischen sind die ersten Anzeichen von Aktivität seit Jahrzehnten *(siehe S. 12)*.

2 Naturbad Jarðböðin
Das auf einem dampfenden vulkanischen Kamm gelegene, an Mineralien reiche Naturbad bietet Blick auf den Mývatn. Auf der gegenüberliegenden Straßenseite wurden Löcher in den heißen Boden gegraben und mit Metallplatten abgedeckt. In den Mulden werden Brot gebacken und Hammelköpfe geschmort *(siehe S. 17)*.

3 Blaue Lagune
Das durch Restwasser aus einem Geothermiekraftwerk gespeiste Thermalfreibad ist eine der größten Besucherattraktionen Islands. Der Schlick, der die Gesichter der Badenden nach dem Auftauchen aus dem milchig blauen Wasser bedeckt, wird auf der Anlage auch als Schönheitsmittel verkauft *(siehe S. 10f)*.

4 Deildartunguhver
Nahe dem historischen Ort Reykholt in Westisland steigt der Dampf des 97 °C heißen Wassers der größten heißen Quellen Europas in den Himmel. Das Wasser wird direkt zu den Küstenorten Borgarnes und Akranes geleitet. Das Areal bietet keine Bademöglichkeit, der Anblick der heftig brodelnden Quellen ist jedoch eindrucksvoll. ◉ *Karte C4*

5 Landmannalaugar
Das natürliche Freibad in dem Gebiet heißer Quellen ist bei Besuchern und Einheimischen gleichermaßen beliebt. Hoch aufragende Lavaformationen und zerklüftete Berge bilden die Kulisse. Landmannalaugar ist das am besten zugängliche Gebiet im rauen Landesinneren *(siehe S. 24f)*.

6 Strokkur
Der Geysir im Hochtemperaturgebiet Haukadalur bricht etwa zehnmal pro Stunde aus. Er ist damit deutlich aktiver als der benachbarte Große Geysir,

Naturbad Jarðböðin

➤ *Mehr über das Naturbad Jarðböðin* **www.jardbodin.is**

Links **Strokkur** Rechts **Hveravellir**

der auch in der Vergangenheit zwischen den eruptiven Phasen oft tagelang ruhte. Die Fontäne des Strokkur, des meistfotografierten Geysirs in Island, erreicht an manchen Tagen imposante Höhen *(siehe S. 12f)*.

Seltún
In Krýsuvík bei Seltún befand sich einst ein Geysir. Durch eine Explosion in dem Gebiet 1999 entstanden die Solfataren von Seltún. Von den Bergen fließen noch immer kleine heiße Quellen herab. Das Areal kann auf markierten Wegen erkundet werden. Karte B5

Námaskarð
Die brodelnden, Dampf ausstoßenden Solfataren an dem Hang östlich des Mývatn sind ein beeindruckendes Beispiel für die in Island herrschenden rauen Naturgewalten. Das Landschaftsbild der sich nach Süden ausdehnenden schwefelhaltigen, kargen orangeroten Ebene ist sehr faszinierend *(siehe S. 17)*.

Hveravellir
Die an der Kjalvegur-Hochlandpassage gelegene heiße Quelle nutzte im 17. Jahrhundert der Dieb Fjalla-Eyvindur zum Kochen gestohlener Schafe. Heute lädt das benachbarte kühlere Becken zu einer entspannten Badepause auf der fünfstündigen Fahrt vom Gullfoss nach Akureyri ein. Karte D4 • *im Sommer Busse ab Reykjavík & Akureyri (www.bsi.is)*

Hengill
Die heißen Quellen in dem beliebten Wandergebiet westlich von Hveragerði dienen der Energieerzeugung. In der Nähe sind Kraftwerke und silberne Rohrleitungen für die Wasser- und Stromversorgung Reykjavíks zu sehen. Karte R6

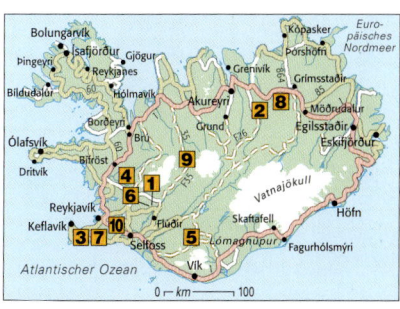

Links **Landnámssýningin** Mitte **Listasafn Reykjavíkur** Rechts **Ásmundarsafn**

TOP 10 Museen in Reykjavík

1 Listasafn Íslands

Die isländische National-galerie *(siehe S. 71)* zeigt neben Werken von bedeutenden einhei-mischen Künstlern wie Ásgrímur Jónsson avantgardistische Instal-lationen von Hrafnkell Sigurðs-son, Krístján Guðmundsson u. a. Regelmäßig sind auch archäolo-gische und historische Ausstellun-gen zu sehen. Das Museum zählt zu den Hauptveranstaltungsorten des alljährlich im Juni stattfinden-den Listahátíð *(siehe S. 54)*.

2 Þjóðminjasafn Íslands

Das Nationalmuseum doku-mentiert Geschichte und Kultur Islands – von an der Südküste gefundenen römischen Münzen über Wikingergräber, geschnitzte Türen, mittelalterliche Sakralkunst und Kleidung des 19. Jahrhun-derts bis hin zu zeitgenössischer Popmusik und genetischen Un-tersuchungen des nationalen Stammbaums *(siehe S. 72)*.

Þjóðminjasafn Íslands

3 Listasafn Reykjavíkur

Das Kunstmuseum besitzt drei Standorte. Das am Ufer ge-legene Gebäude widmet sich dem 1932 in Island geborenen Künstler Erró. Unter den ausge-stellten Skulpturen, Gemälden und Zeichnungen beeindrucken vor allem die vielfarbigen Colla-gen mit mythischen Helden. Die zweite Zweigstelle des Museums präsentiert Werke von Jóhannes Kjarval *(siehe S. 72)*, die dritte Ar-beiten von Ásmundur Sveinsson *(siehe S. 61).* ✆ Karte L2 • Hafnar-húsið, Tryggvagata 17 • 590 1200 • tägl. 10–17 Uhr (Do bis 20 Uhr) • Eintritt • www.artmuseum.is

4 Landnámssýningin

Kernstück der Landnahme-Ausstellung des historischen Museums in Reykjavík sind die ovalen Grundmauern eines Wikin-ger-Langhauses von 871 n. Chr., die auf einer Schicht vulkanischer Asche stehen. Artefakte wie Äxte und hölzerne Ackergeräte sowie Dioramen schaffen ein leben-diges Szenario *(siehe S. 71)*.

5 Listasafn Einar Jónsson

Jónssons monumentale Skulpturen mit den dramatischen Posen wurden stark von der na-tionalistischen Bewegung im Eu-ropa des frühen 20. Jahrhunderts beeinflusst. Eine Arbeit zeigt den heiligen Georg, der sich – den Schild hoch erhoben – auf das Kreuz seines Schwertes stützt, während der Drache sich hinter ihm windet *(siehe S. 74)*.

Viele Museen haben montags geschlossen.

6 Listasafn Sigurjón Ólafsson

Das am Ufer gelegene Museum wurde von der Witwe des isländischen Bildhauers gegründet. Die modernistischen, abstrakten Werke aus Holz, Stein und Metall reichen von Skulpturen mit weichen Konturen bis zu riesigen Installationen, die wie Totempfähle aus Schrott und Treibholz wirken *(siehe S. 74)*.

Listasafn Slgurjón Ólafsson

7 Gerðarsafn

Das Museum zeigt moderne Kunst verschiedenster Stilrichtungen, u. a. Werke von Gerður Helgadóttir (1928–1975). *Karte Q5 • Hamraborg 4, 200 Kópavogur • 570 0440 • Busse ab Lækjartorg & Hlemmur nach Hamraborg • Di–So 11–17 Uhr • Eintritt (Mi frei) • www.gerdarsafn.is*

8 Víkin

Das Schifffahrtsmuseum im Alten Hafen von Reykjavík vermittelt einen Eindruck vom Leben auf hoher See. Die *Óðinn*, ein imposantes Schiff der Küstenwache, das am Steg des Museums vor Anker liegt, ist die größte Attraktion der Ausstellung. *Karte K1 • Grandagarður 8, 101 Reykjavík • 517 9400 • tägl. 10–17 Uhr; Schiffsführungen: tägl. 13 Uhr, 14 Uhr & 15 Uhr • Eintritt • www.sjominjasafn.is*

9 Árbæjarsafn

Das Freilichtmuseum auf einem einstigen Bauernhof mit historischen Gebäuden zeigt Ackergeräte und Werkzeuge. Das Grassodenhaus aus dem späten 19. Jahrhundert ist besonders beeindruckend. Wenn die alten Maschinen bei regelmäßigen Veranstaltungen in Gang gesetzt werden und die Farmtiere frei auf dem Gelände herumlaufen, wird die Vergangenheit lebendig. *Karte P6 • Kistuhyl 4, Árbær • 411 6300 • Bus 12, 19 & 24 ab Hlemmur & Lækjartorg • Juni–Aug: tägl. 10–17 Uhr; Sep–Mai: nur Führungen (tägl. 13 Uhr & nach Vereinbarung) • Eintritt • www.arbaejarsafn.is*

10 Ásmundarsafn

Allein das Museumsgebäude fasziniert. Besonders beeindruckend ist aber der Skulpturengarten, der imposante, von Kubismus und afrikanischer Kunst beeinflusste Skulpturen Ásmundur Sveinssons mit historischen und folkloristischen Sujets birgt. Im Haus sind kleinere Werke in einer Vielzahl von Medien zu sehen *(siehe S. 74)*.

Links **Síldarminjasafn Íslands** Rechts **Schaubild im Vesturfarasetrið**

Museen in Island

1 Landnámssitur Íslands

Das Museum hat zwei Abteilungen. Die Exponate im oberen Stock – von einem Langschiffbug bis hin zu Modellen der einst reich mit Bäumen bestandenen Inseln – veranschaulichen den Prozess der Besiedlung Islands. Im unteren Stock sind Schlüsselszenen aus der *Egils saga* dargestellt *(siehe S. 79)*.

Landnámssitur Íslands

2 Vesturfarasetrið

Die isolierte Lage des Museums über die Auswanderergeschichte Islands reflektiert wohl die innere Verfassung der Landesbewohner, die im 19. Jahrhundert nach einer Reihe harter Winter und Vulkanausbrüche zu Tausenden nach Kanada emigrierten. ⊗ *Karte D2 • Hofsós • 453 7935 • im Sommer Busse • Juni–Aug: tägl. 11–18 Uhr • Eintritt • www.hofsos.is*

3 Skógasafn

Traditionelle Torfhäuser, eine Bibel aus dem Jahr 1584 (Islands erstes gedrucktes Buch), der Ring einer Wikinger-Schatztruhe, ein Fischerboot und Kleidung dokumentieren ca. 1000 Jahre Alltagsleben in Island. ⊗ *Karte D6 • Skógar, 861 Hvolsvöllur • 487 8845 • Busse ab Reykjavík & Höfn • Juni–Aug: tägl. 9–18 Uhr; Mai & Sep: tägl. 10–17 Uhr; Okt–Apr: tägl. 11–16 Uhr • Eintritt • www.skogasafn.is*

4 Síldarminjasafn Íslands

Der verschlafene Ort Siglufjörður war bis zum Rückgang der Fischbestände in den 1960er Jahren der größte Hafen für Heringsfischerei in Island. Das Museum dokumentiert diese Zeit mit Fotos, Modellen und Dioramen, u. a. von den Tausenden von »Heringsmädchen«, die den Fang säuberten und salzten. ⊗ *Karte D2 • Snorragata 15, Siglufjörður • 467 1604 • im Sommer Busse • Juni–Aug: tägl. 10–18 Uhr; Sep–Mai: tägl. 13–17 Uhr • Eintritt • www.sild.is*

5 Orkusýn

Die Ausstellung im Geothermalwerk von Hellisheiði erläutert die Nutzung von Geothermie in Island und das Potenzial der Erdwärme als umweltfreundliche Energiequelle. Die Führungen sind exzellent. Zu den faszinierenden interaktiven, multimedialen Exponaten zählt auch ein für zart besaitete Naturen kaum zu

Skógasafn

Die Wände von Grassodenhäusern bestehen aus vor Ort gestochenen, viereckigen Stücken Grasnarbe.

empfehlender Erdbebensimulator. ✆ Karte C5 • Geothermalkraftwerk Hellisheiði, 20 Minuten Autofahrt von Reykjavik Richtung Hveragerdi auf der Straße Nr. 1 • tägl. 9–17 Uhr • Eintritt • www.orkusyn.is

6 Walmuseum Húsavík

Das Museum am Hafen von Húsavík, dem Ausgangspunkt von Walbeobachtungsfahrten, zeigt Videos, Relikte und komplette Zwerg- und Buckelwalskelette. Der Besuch lohnt sich vor einer Beobachtungstour. ✆ Karte E2 • Hafnarstétt 1, Húsavík • 414 2800 • Juni–Aug: tägl. 8.30–18.30 Uhr; Apr, Mai & Sep: tägl. 9–16 Uhr; Okt–Märs: tägl. 10–12 Uhr & 13–15.30 Uhr • Eintritt • www.whalemuseum.is

7 Brúðuheimar

Die Exponate in dem Museum des Puppentheaters werden in bezaubernden Bühnenbildern präsentiert. Workshops führen mit Schattenpuppen und Marionetten in die uralte Kunst des Puppenspiels ein. Besucher können bei der Herstellung von Puppen zusehen (siehe S. 46). ✆ Karte B4 • Skúlagata 17, Borgarnes • 530 5000 • Sommer: tägl. 10–22 Uhr • Eintritt • www.bruduheimar.is

8 Langabúð

Das älteste, 1790 als Speicher errichtete Holzgebäude im Hafen von Djúpivogur ist heute Kulturzentrum, Café, Volkskundemuseum und Gedenkstätte für den Künstler Ríkarður Jónsson (1888–1977), der Zeichnen und Bildhauerei lehrte. Werke Jónssons sind ausgestellt. ✆ Karte G4 • Djúpivogur • 478 8220 • im Sommer Busse zwischen Höfn & Egilsstaðir • Juni–Aug: tägl. 10–18 Uhr • Eintritt

Exponat im Walmuseum Húsavík

9 Turnhús

Der um 1580 gegründete Ort Ísafjörður war später wichtiger Hafen. Das Museum im Turnhús (18. Jh.), dem einstigen Wachturm, dokumentiert diese Zeit. Fotos zeigen, dass sich der Ortskern seit Anfang des 20. Jahrhunderts kaum verändert hat. ✆ Karte B2 • Suðurgata, Ísafjörður • 896 3291 • Mitte Mai–Mitte Sep: tägl. 9–18 Uhr • Eintritt • www.nedsti.is

10 Víkingaheimar

Das moderne Gebäude mit verglasten Wänden am Rand von Keflavík beherbergt die Íslendingur, die Rekonstruktion eines um 1880 in Norwegen entdeckten Wikinger-Langschiffs in Originalgröße. Die Íslendingur wurde von Gunnar Marel Eggertsson gebaut, der damit im Jahr 2000 zur Tausendjahrfeier der Entdeckung Amerikas durch die Wikinger nach New York segelte. ✆ Karte B5 • Víkingabraut 1, 260 Reykjanesbær • 422 2000 • Mai–Aug: tägl. 9–18 Uhr • Eintritt • www.vikingaheimar.is

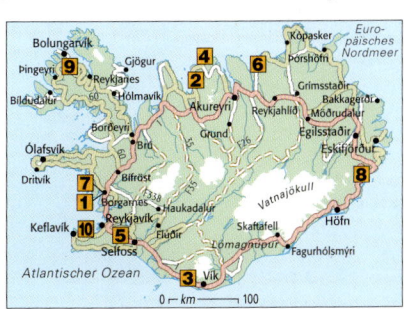

Das Gokstad-Schiff – das Vorbild für die Íslendingur – ist im Kulturhistorischen Museum in Oslo zu sehen.

63

Links **Bachforelle** Rechts **Norðurá**

Angelgebiete

Elliðaár
Trotz eines Staudamms werden jedes Jahr rund 1500 Lachse aus dem zehn Kilometer langen, durch die äußeren Stadtbezirke Reykjavíks fließenden Fluss – der einzige Islands, für den Halbtageslizenzen erteilt werden – geangelt. ✎ Karte P5 • 568 6050 • www.svfr.is/ellidaar

Laxá í Kjós
Der etwa eine Autostunde von Reykjavík entfernte, 25 Kilometer lange Fluss bietet mit Wasserfällen, Stromschnellen und flachen Strecken Lachsen idealen Lebensraum. Lizenzen, Führer und Jeeps sind an Ort und Stelle verfügbar. ✎ Karte Q6 • 577 2230 • www.hreggnasi.is

Laxá í Aðaldal
Der Name – laxá bedeutet »Lachsfluss« – ist irreführend: In dem Fluss, der nördlich des Mývatn 60 Kilometer weit durch fantastische Landschaft zum Meer fließt, werden Forellen geangelt. Mehr als 4000 Fische mit bis zu fünf Kilogramm werden jedes Jahr gefangen. ✎ Karte E2 • 577 2230 • www.hreggnasi.is

Hítará
In dem 30 Kilometer langen Fluss werden jährlich ca. 350 Lachse sowie einige Forellen und Saiblinge gefischt. Er ist wegen der wilden Landschaft und einer nahe gelegenen außergewöhnlichen alten Hütte beliebt. Touren sind im Voraus zu buchen. ✎ Karte B4 • 568 6050 • www.svfr.is/hitara

Vatnasvæði Lýsu
Das Areal mit Seen und Flüssen auf der Halbinsel Snæfellsnes ist einer der wenigen Orte, an denen man Forellen, Saiblinge und Lachse angeln kann. Die Lizenzen sind günstig, die Ausbeute oft gering. ✎ Karte B4 • 557 6100

Norðurá
Lizenzen für den 65 Kilometer langen Lachsfluss mit wechselnden Wassertiefen und einer jährlichen Ausbeute von 1500 Fischen sind teuer. Es sind stets nur zwölf Angler gleichzeitig gestattet. Eine Hütte bietet Versorgung und Unterkunft. ✎ Karte C3 • 563 0300 • www.angling.is

Vatnsdalsá
Der 40 Kilometer lange Lachsfluss bietet Anglern 20 Kilometer geeigneten Terrains. Er wurde durch den Autor und eins-

Hítará

tigen Besitzer John Ashley-Cooper bekannt. Der jährliche Fang ist mit 1000 Lachsen nicht groß, die Fische haben aber oft überdurchschnittliches Gewicht. Lachse über fünf Kilogramm werden zum Laichen freigelassen. ✎ *Karte D3 • 897 1498 • www.vatnsdalsa.is*

Elliðavatn

8 Der See südöstlich von Reykjavík speist den Elliðaár. An der Ostseite liegt ein Naturschutzgebiet mit einem Reitweg am Ufer. Im See kann man Forellen angeln. ✎ *Karte Q6 • 568 6050*

Forellenfischer

Hópið

9 Der 30 Quadratkilometer große See eines Meeresarms ist reich an Saiblingen und Forellen, die Einheimische im Frühjahr und Herbst mit Netzen fischen. Angler haben von Mitte Juni bis Mitte August Zutritt. ✎ *Karte C3 • 517 4515 • www.veidikortid.is*

Ytri-Rangá

10 Der Fluss nahe Hella in Südisland ist dank eines Programms, bei dem 2008 14 315 Jungtiere mit einem Durchschnittsgewicht von vier Kilogramm ausgesetzt wurden, der lachsreichste Islands. Angeltouren sind im Voraus zu planen. ✎ *Karte C5 • 557 6100 • www.fishpal.com/Norse/Iceland*

Top 10 Fische in Island

1 Dorsch
Der Dorsch – Basis der traditionellen isländischen Fischindustrie – war einst Teil des Landeswappens.

2 Schellfisch
Der etwa einen Meter lange Tiefseefisch findet in den Gewässern Südwestislands ausgedehnte Laichgründe.

3 Heilbutt
Der am Meeresboden lebende Plattfisch wiegt bis zu 200 Kilogramm. Die Augen liegen auf derselben Körperseite.

4 Rotbarsch
Der Tiefseefisch mit leuchtend roten Schuppen schmeckt im Ganzen gegrillt vorzüglich.

5 Seewolf
Der Fisch mit beeindruckendem Gebiss und zartem, festem Fleisch gehört zur Gattung der Barschartigen.

6 Atlantischer Lachs
Frisch gefangener Atlantischer Lachs ist vorzüglich, geräuchert schmeckt er noch besser.

7 Bachforelle
Der exzellente Sport- und Speisefisch lebt in Island hauptsächlich in Flüssen und Süßwasserseen.

8 Seesaibling
Der wohlschmeckende Speisefisch wird oft im Winter aus Löchern in der Eisdecke der Seen geangelt.

9 Seeteufel
Das Erscheinungsbild des Fisches mit dem riesigen halbrunden Maul ist wenig einnehmend. Sein Fleisch schmeckt jedoch köstlich.

10 Hummer
Der auch als Kaisergranat oder Norwegischer Hummer bekannte Krebs ist in Island eine beliebte Speise.

➜ *Lizenzen für das Angeln von Forellen und Saiblingen sind preiswerter als jene für Lachsfischen.*

Links **Þingeyrarkirkja**, **Detail** Mitte **Viðimýrarkirkja** Rechts **Grundarkirkja**

TOP 10 Kirchen

1 Dómkirkjan
Die kleine lutherische Kathedrale aus Stein und Wellblech wurde von 1788 bis 1796 erbaut, als Reykjavík, vormals Ansammlung von Bauernhäusern und Speichern, zu Islands erster Stadt anwuchs. Im wunderschönen einfachen Inneren kommen die Proportionen des Gebäudes zur Geltung. ❧ Karte L2 • Austurvöllur, Lækjargata 14a, Reykjavík • 520 9700 • Mo–Fr 10–16.30 Uhr

2 Landakotskirkja
Der katholische Glaube wurde in Island 1550 ausgemerzt. Um Konflikte mit dem seither herrschenden Protestantismus zu vermeiden, ist die 1929 erbaute Landakotskirkja äußerst funktional und schlicht. Nur das Taufbecken am Eingang und die Statue der Jungfrau Maria verraten die Zugehörigkeit zur katholischen Konfession. ❧ Karte K2 • Túngata 15, Reykjavík • 552 5388 • tägl. 7.30–18.30 Uhr • www.catholica.is

3 Skálholtskirkja
Als Islands erster Bischofssitz (1056–1801) wurde Skálholt bedeutendes Bildungszentrum. Es war zeitweise die größte Siedlung des Landes. Am Kirchenäußeren befindet sich ein Gedenkstein für den letzten katholischen Bischof Islands, Jón Arason, im Inneren der Steinsarg (1211) des Bischofs Páll Jónsson. In der Kirche werden Konzerte veranstaltet. ❧ Karte C5 • Skálholt, Biskupstungur • 486 8870 • Mitte Mai–Sep: tägl. Bus ab Selfoss; Touren ab Reykjavík • www.skalholt.is

4 Hóladómkirkja
Die Steinkirche in Hólar, dem zweiten Bistum Islands seit dem 12. Jahrhundert, wurde 1763 geweiht. Einige Skulpturen und das prächtige Altarbild sind aber Jahrhunderte älter. In der Kirche wurde 1530 von Bischof Jón Arason die erste Druckerei Islands gegründet. Arason ist in der kleinen angrenzenden Kapelle begraben. ❧ Karte D2 • Hólar í Hjaltadal • 453 6300 • Juni–Sep: tägl. 10–18 Uhr (regelmäßig Busse) • www.kirkjan.is/holadomkirkja

5 Bænahús in Núpsstaður
Die alten Grassodenhäuser und die Kirche Bænahús in Núpsstaður werden von hohen Klippen überragt. Der Ort galt trotz der Nähe zur Küste einst als ab-

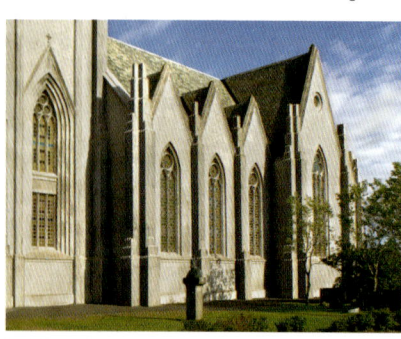

Landakotskirkja, Reykjavík

gelegenste Siedlung Islands. Bis in die 1850er Jahre waren die nächsten Häfen Eyrarbakki und Djúpivogur, Waren mussten über die gefährlichen Hochlandpassagen ins Landesinnere transportiert werden. 🕯 *Karte E5 • Núpsstaður nahe Kirkjubæjarklaustur*

Hallgrímskirkja

Die riesige Hallgrímskirkja in Reykjavík ist Islands größte Kirche. Dennoch besitzt sie nicht den Status einer Kathedrale. Der Bau der 1945 entworfenen Kirche wurde von einem Familienbetrieb mit nur zwei Personen durchgeführt. Die Fertigstellung zog sich bis zum Jahr 1986 hin *(siehe S. 72)*.

Þingeyrarkirkja

Die schöne Steinkirche in Nordisland liegt bei einem ehemaligen Versammlungsort der Wikinger *(þing)* und dem vermuteten Standort des ersten Klosters des Landes. Der mittelalterliche Alabasteraltar wurde in England gefertigt. Die Wirkung der blau gestrichenen, mit zahllosen goldenen Sternen übersäten Decke der Kirche ist großartig *(siehe S. 96)*.

Víðimýrarkirkja

Die winzige Grassodenkapelle in Víðimýri (1834) ist eine von nur sechs erhaltenen in Island. Das Innere ist aus Holz. Die Wände sind durch dicke, im Fischgrätenmuster aufeinandergestapelte Grasstücke gegen die Witterung

Hallgrímskirkja, Reykjavík

geschützt. Auf dem grasbedeckten Dach blühen im Sommer bunte Blumen. 🕯 *Karte D3 • Víðimýri, Skagafjörður • 453 6173 • Juni–Aug: tägl. 9–18 Uhr • Eintritt*

Strandarkirkja

Die blassblau gestrichene Kirche (19. Jh.) im kleinen Küstenort am Ostende der Halbinsel Reykjanes ruht auf quadratisch zugeschnittenen Lavablöcken. Der Sage nach wurde die Kirche von Seeleuten gegründet, die sich an der Stelle bei einem Sturm ans Ufer retteten. 🕯 *Karte C5 • Selvogur nahe Þorlákshöfn • 483 3771 • Mai–Sep*

Grundarkirkja

Die Gestaltung der Kirche mit einem Holzturm mit Zwiebelkuppeln und kleinen romanischen Spitzen ist für Island außergewöhnlich. Grund war einst ein vermögendes Anwesen, das Gotteshaus wurde jedoch erst 1905 von dem Bauern Magnús Siggurðsson für das gesamte Tal errichtet. Ein zur Kirche gehörender Kelch aus dem 15. Jahrhundert wird im Nationalmuseum in Reykjavík verwahrt. 🕯 *Karte E3 • Grund, Eyjarfjörður*

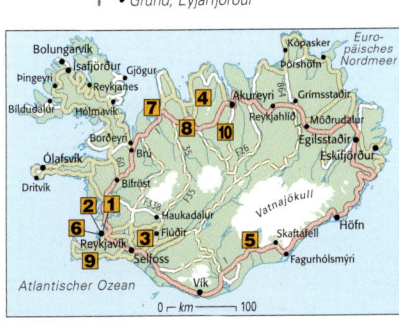

➤ *Die Grundarkirkja ist bis heute in Privatbesitz, steht Besuchern aber offen.*

REGIONEN

TOP 10 ISLAND

Links **Schwimmbad von Laugardalur** Rechts **Botanischer Garten**

Reykjavík

DIE HAUPTSTADT ISLANDS *schließt neben dem Zentrum einige äußere Bezirke ein. Der am Alten Hafen gelegene Stadtkern mit den historischen Gassen lässt sich gut innerhalb eines Tages erkunden. Die städtischen Gebäude wurden zum Schutz gegen eisige Winterwinde aus Stein oder Beton errichtet. Die vielen historischen Wohnhäuser im Zentrum sind jedoch Holzgebäude mit Wellblechverkleidung. Im Stadtzentrum befinden sich neben Museen und Galerien viele Läden, Cafés, Restaurants und Clubs. Der Hügel Öskjuhlíð – ein markantes Wahrzeichen von Reykjavík – bietet Aussicht auf einige entfernt liegende Sehenswürdigkeiten und die modernen Randbezirke.*

Harpa

🔟 Attraktionen

1. Historisches Zentrum & Alter Hafen
2. Landnámssýningin
3. Safnahúsið
4. Listasafn Íslands
5. Þjóðminjasafn Íslands
6. Hallgrímskirkja
7. Kjarvalsstaðir
8. Harpa
9. Perlan
10. Laugardalur-Park

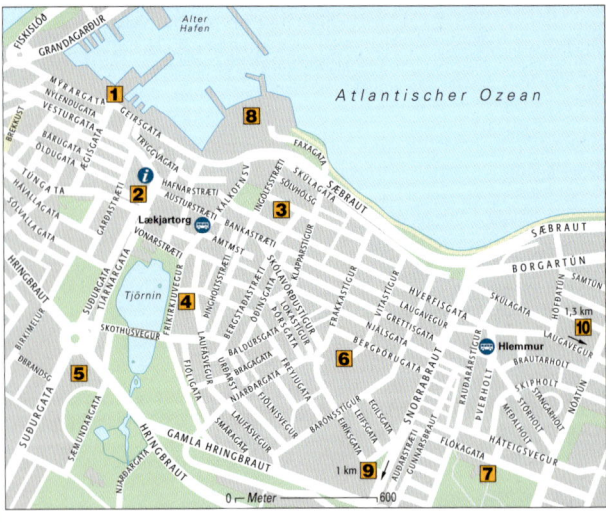

Vorhergehende Doppelseite
Geysir Strokkur im Hochtemperaturgebiet Haukadalur

1 Historisches Zentrum & Alter Hafen

Das historische Zentrum umfasst die Stätte der ersten Wikingersiedlung Islands, die nahe dem Austurvöllur ausgegraben wird, sowie das älteste Gebäude der Stadt, einen hölzernen

Häuser im historischen Stadtzentrum

Speicher aus dem 18. Jahrhunderts am Lækjatorg. Hinter dem Austurvöllur befindet sich das Parlamentsgebäude, das 1881 den Sitz des Alþing in Þingvellir ersetzte, mit einer Statue Jón Sigurðssons *(siehe S. 31)*. Direkt nördlich liegt der Alte Hafen mit der Walfangflotte. ✎ *Karte K1*

2 Landnámssýningin

Die eindrucksvolle Ausstellung beinhaltet die Relikte eines Langhauses aus der Wikingerzeit, das möglicherweise Islands erstem Siedler, dem Norweger Ingólfur Arnarson, gehörte, der um 870 n. Chr. nach Island segelte. Im ganzen Land gibt es keine weiteren Überreste aus dieser Zeit, die so gut erhalten sind. Die Lage unterhalb der Straßen der Hauptstadt trägt zur Faszination der einzigartigen Stätte bei. ✎ *Karte K2* • *Aðalstræti 16* • *411 6300* • *tägl. 9–20 Uhr* • *Eintritt* • *www. minjasafnreykjavikur.is*

3 Safnahúsið

In den 1970er Jahren wurden über Jahrhunderte in Dänemark verwahrte kostbare mittelalterliche Handschriften an Island zurückgegeben. Sie sind nun im Kulturhaus (Safnahúsið) ausgestellt. Der *Codex Regius* enthält mit der Lieder-*Edda* die Hauptquelle der nordischen Mythologie. Das *Flateyjarbók* beinhaltet die einzige bekannte Abschrift der *Grænlendinga saga*, die Lei-

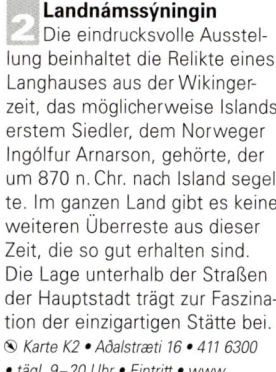

fur Eiríkssons Entdeckung von »Vínland« (Nordamerika) beschreibt. Auch die Sagensammlung *Möðruvallabók* ist zu sehen. Entstehung und Geschichte der Handschriften sind hervorragend dokumentiert. ✎ *Karte L2* • *Hverfisgata 15* • *530 2210* • *tägl. 10–17 Uhr (Mitte Sep–Apr: Mo geschl.)* • *Eintritt* • *Führungen* • *www.safnahusid.is*

4 Listasafn Íslands

Die Nationalgalerie befindet sich in einem ehemaligen Speicher, in dem Eisblöcke vom nahe gelegenen See gelagert wurden. Isländische Maler des frühen 20. Jahrhunderts bilden den Schwerpunkt. Die ca. 10 000 Werke werden im Wechsel gezeigt. Regelmäßig finden Ausstellungen mit zeitgenössischer und traditioneller Kunst statt. Das vielseitige Programm des Museums lohnt auch mehrere Besuche. ✎ *Karte L3* • *Fríkirkjuvegur 7* • *515 9600* • *Di–So 10–17 Uhr (Mitte Sep–Mitte Mai: ab 11 Uhr)* • *Eintritt* • *www.listasafn.is*

Handschriften im Safnahúsið

Gründung Reykjavíks

Als Ingólfur Arnarson 870 n. Chr.
Island erblickte, warf er die Hoch-
sitzpfeiler seines alten Hauses in
Norwegen über Bord und schwor,
dort zu siedeln, wo sie ange-
schwemmt würden. Er fand sie
schließlich in einer breiten, fruchtbaren Bucht im Südwesten der
Insel, die er Reykjavík (»Rauchbucht«) nannte.

5 Þjóðminjasafn Íslands

Das Nationalmuseum do-
kumentiert die Geschichte und
Kultur Islands von frühesten Zeichen
der Besiedlung bis heute. Eine Etage
ist der Frühzeit gewidmet: DNA-
Tests untersuchen das Erbe der
Wikinger. Die vielfältigen Exponate –
von Grabbeigaben der Wikinger
über mittelalterliche Statuen bis zur
Dokumentation der musikalischen
Karriere von Björk – bieten für jeden
Besucher Interessantes. ◎ Karte K3
• Suðurgata 41 • 530 2200 • Mai–Mitte
Sep: tägl. 10–17 Uhr; Mitte Sep–Apr:
Di–So 11–17 Uhr • Eintritt • www.thjodminjasafn.is

6 Hallgrímskirkja

Der Bau der mit 73 Metern
höchsten Kirche Islands dauerte 40
Jahre. Sechseckige Säulen er-

innern an vulkanische Formatio-
nen. Die Orgel mit 5000 Pfeifen
besitzt einen wunderbaren Klang.
Der Turm bietet Blick auf die bunten Dächer Reykjavíks und die
Statue von Leifur Eiríksson.
◎ Karte M3 • Skólavörðuholti • 510 1000
• tägl. 9–21 Uhr (Winter: bis 17 Uhr)
• Eintritt (Turm) • www.hallgrimskirkja.is

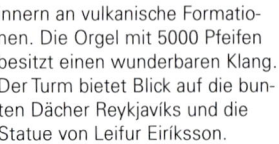
Orgel, Hallgrímskirkja

7 Kjarvalsstaðir

Der in einem Dorf im Nordosten Islands geborene Jóhannes Kjarval (1885–1972) studierte
in Europa Malerei. Nach der
Rückkehr bezog er die isländische
Landschaft in seine Gemälde ein.
Kjarval gilt als größter Künstler
Islands, seine Mischung heidnischer, christlicher und folk-
loristischer Elemente ist aber
umstritten. Das Museum zeigt auch
zeitgenössische isländische und
internationale Werke. ◎ Karte N4
• Flókagata 24 • 517 1290 • tägl. 10–
17 Uhr • Führungen nach Vereinbarung
• Eintritt • www.listasafnreykjavikur.is

8 Harpa

Die Konzerthalle ist die bedeutendste Bühne für klassische
Musik und für Theateraufführun-
gen in Island. Sie beheimatet das
Symphonieorchester Sinfóníuhl-
jómsveit Íslands und das Opern-
ensemble Íslenska Óperan. Das
Gebäude mit der von Olafur
Eliasson gestalteten, markanten
Fassade ist dynamisches Zeichen
der Wiederbelebung des Alten
Hafens. Es dient auch als Konfe-
renzzentrum. ◎ Karte L2
• Austurstræti 17 • 528 5000
• tägl. 8–24 Uhr • im Sommer Führungen • www.
harpa.is

Ausstellungsraum, Þjóðminjasafn Íslands

9 Perlan

Die sechs Tanks des Warmwasserspeichers auf dem Hügel Öskjuhlið südlich des Stadtzentrums wurden mit einem Glaskuppelbau überspannt. Von dem Gebäude (»die Perle«) mit dem luxuriösen Restaurant *(siehe S. 40)* genießen Besucher fantastische Aussicht. Das Sagenmuseum Sögusafnið in einem trockengelegten Tank entführt mit Wachsfiguren in die Wikingerzeit.
◎ *Karte M6 • Öskjuhlið • Bus 18 ab Hlemmur • frei • Sögusafnið: 511 1517; Apr–Sep: tägl. 10–18 Uhr; Eintritt; Audioführungen; www.sagamuseum.is*

10 Laugardalur-Park

Das östlich des Zentrums von Reykjavík gelegene Areal ist ein beliebtes Erholungsgebiet. Der Botanische Garten beinhaltet einen Zoo mit einheimischen Tieren und einen Ententeich. Im Winter kann man in dem Park Schlittschuh laufen, das Thermalbad mit einem 50 Meter langen Schwimmbecken und drei kleineren Pools ist das ganze Jahr über geöffnet. ◎ *Karte R4 • Laugardalur • Bus 14 ab Hlemmur • frei • Bad: 411 5100; Apr–Sep: Mo–Fr 6.30–22.30 Uhr; Sa & So 8–22 Uhr; Winter: Sa–So 8–20 Uhr; Eintritt*

Ein Tag in Reykjavík

Vormittag

Beginnen Sie den Tag auf isländische Art mit einem Bad im Sundhöllin. Nach einem Kaffee im Kaffitár an der Bankastræti erwartet Sie im **Þjóðminjasafn Íslands** eine umfassende Dokumentation isländischer Geschichte. Gehen Sie danach zum Entenfüttern an den **Tjörnin** *(siehe S. 74)*, bevor Sie im **Ráðhúsið Reykjavíkur** einen Blick auf die riesige Reliefkarte werfen oder einem Mittagskonzert beiwohnen. Bei einer Rast auf dem Austurvöllur können Sie die schlicht gestaltete Kathedrale von Reykjavík, das Art-déco-Gebäude des Hótel Borg und das Parlamentsgebäude bewundern. Für die anschließende Besichtigung der Funde aus der Wikingerzeit im nahe gelegenen exzellenten **Landnámssýningin** sollten Sie eine halbe Stunde veranschlagen.

Nachmittag

Ein Teller Lammsuppe im **Café Paris** *(siehe S. 76)* stärkt für den Einkaufsbummel am Laugavegur. Folgen Sie der von farbenfrohen Häusern gesäumten Klapparstígur zur **Hallgrímskirkja** und genießen Sie die Aussicht. Die mittelalterlichen Handschriften im **Safnahúsið** laden zu einem weiteren Museumsbesuch ein. Halten Sie sich nördlich, um ein Konzert in der **Harpa** zu genießen oder die Skulptur **Sólfar** und das historische Haus **Höfði** *(siehe S. 74)* zu bewundern. Für eine ausgedehnte Erkundung des Nachtlebens von Reykjavík ist das direkt im Zentrum gelegene **Prikið** *(siehe S. 45)* ein guter Ausgangspunkt.

Eingang des Perlan

Links **Höfði** Rechts **Blick über den Stóra tjörn auf die Insel Viðey**

TOP10 Dies & Das

1 Norræna húsið
Das von dem Finnen Alvar Aalto gestaltete »Nordische Haus« bietet Ausstellungen, Konzerte und eine der nordischen Kultur gewidmete Bibliothek. *Karte K4 • Sturlugata 5 • 551 7030 • Bibliothek: Mo–Fr 10–17 Uhr, Sa & So 12–17 Uhr; Ausstellung: Di–So 12–17 Uhr • www.nordice.is*

2 Höfði
In dem schlichten, weiß getünchten Haus beendeten Michail Gorbatschow und Ronald Reagan 1986 den Kalten Krieg. Die Skulptur *Sólfar* erinnert an die Reisen der Wikinger. *Karte P2 • Borgatún*

3 Alþingishúsið
Der Basaltbau (1880/81) ist Sitz eines der ältesten Parlamente der Welt. Es wurde 930 n. Chr. am Þingvellir gegründet und bezog im Jahr 1881 das Gebäude. *Karte L2 • Austurvöllur • 563 0500 • Mo–Fr 8–19 Uhr • www.althingi.is*

4 Tjörnin
An dem See im Stadtzentrum kann man Gänse, Enten und Schwäne füttern. *Karte K3*

5 Listasafn Sigurjón Ólafsson
Im einstigen Atelier des Bildhauers Sigurjón Ólafsson (1908–1982) sind seine Werke zu sehen. Im Sommer finden Konzerte statt. *Karte Q1 • Laugarnestangi 70 • Busse 12 & 15 • 553 2906 • Feb–Mai & Sep–Nov: Sa & So 14–17 Uhr; Juni–Aug: Di–So 14–17 Uhr • Eintritt • www.lso.is*

6 Ásmundarsafn
Das Haus mit südländischem und afrikanischem Touch ist ebenso interessant wie die ausgestellten Werke von Ásmundur Sveinsson. *Karte Q4 • Sigtun • 553 2155 • Mai–Sep: tägl. 10–17 Uhr; Okt–Apr: tägl. 13–17 Uhr • Eintritt • www.listasafn reykjavikur.is*

7 Hafnarfjörður
Der an der Küste gelegene Stadtteil bietet gute Restaurants und ein Wikingerfestival. *Karte P6 • Bus 1 ab Hamraborg • www.hafnarf jordur.is; www.fjorukrain.is*

8 Viðey
Die Insel nördlich von Reykjavík beheimatet Islands ältestes Steinhaus (heute ein Restaurant), Tausende von Seevögeln und den »Imagine Peace Tower« Friðarsúlan. *Karte P5 • Mitte Mai–Aug: tägl. 7 Fähren ab Skarfabakka, tägl. 1 Fähre ab Reykjavík (Alter Hafen) • www.videy.com*

9 Listasafn Einar Jónsson
Im Haus und im Garten sind 300 Marmorstatuen von Islands erstem mordernen Künstler Einar Jónsson (1874–1954) ausgestellt. *Karte M3 • Eiriksgata • 551 3797 • Juni–Mitte Sep: Di–So 13–17 Uhr; Mitte Sep–Nov & Feb–Mai: Sa & So 13–17 Uhr • Eintritt • www.lej.is*

10 Öskjuhlíð
Auf dem Hügel liegt Perlan (siehe S. 73). Wanderwege führen zu einem Badestrand und einem nahe gelegenen Thermalfreibad. *Karte M6*

Studenten und Senioren erhalten in den meisten Museen ermäßigten Eintritt.

Links **Fríða Frænka** Rechts **Búrið**

TOP 10 Shopping

1 Kirsuberjatréð
Der einzigartige Laden einer Frauenkooperative führt isländische Kleidung, Accessoires aus Fischleder, Glaswaren, Schmuck und Geschenkartikel. ⌖ *Karte L2* • *Vesturgata 4* • *562 8990* • *www.kirs.is*

2 Fríða Frænka
Das mit antiken Möbeln und Nippes angefüllte historische Wellblechhaus bietet außergewöhnliche Souvenirs. ⌖ *Karte L2* • *Vesturgata 3* • *551 4730*

3 Thorvaldsens Bazar
Der seit über 100 Jahren existierende Secondhand-Laden führt u. a. handgestrickte Pullover, Silberschmuck und Schnitzarbeiten. ⌖ *Karte L2* • *Austurstræti 4* • *551 3509* • *www.thorvaldsens.is*

4 Eymundsson
Die Buchhandlung bietet Straßenatlanten, Wanderkarten, englische Bücher über Island, Briefpapier und T-Shirts. Es gibt ein schönes Café. ⌖ *Karte L3* • *Skólavörðustíg 11* • *540 2350*

5 12 Tónar
Die CDs und Schallplatten beinhalten viele Aufnahmen regionaler Jazz-, Klassik- und Popgrößen. ⌖ *Karte L3* • *Skólavörðustíg 15* • *511 5656* • *www.12tonar.is*

6 Kraum
Der Laden bietet Mode isländischer Designer sowie Silber- und Lavaschmuck. ⌖ *Karte L2* • *Aðalstræti 10* • *517 7797* • *www.kraum.is*

7 Aurum
Gudbjorg Kristin Ingvarsdottirs Schmuck ist durch die isländische Landschaft inspiriert. Die kunstvollen Designs sind modern und doch zeitlos. ⌖ *Karte L2* • *Banakstræti 4* • *551 2770* • *www.aurum.is*

8 Frank Úlfar Michelsen
Der Uhrmacher alten Stils verkauft Rolex und andere klassische Armbanduhren. Die Werkstatt ist voller Zeitmesser aus der vordigitalen Zeit. ⌖ *Karte L2* • *Laugavegur 15* • *511 1900*

9 Búrið
Der Laden bietet eine exquisite Käseauswahl und Spezialitäten wie Birkensirup und Rhabarberkaramellen. Die Kurse über isländischen Käse mit Mittagessen machen Spaß. ⌖ *Karte P3* • *Nóatún 17* • *551 8400*

10 Kolaportið
Auf dem bei Einheimischen beliebten Flohmarkt kann man Stunden damit verbringen, die Stände mit Trödel zu durchforsten. Zuweilen ist stilvolle Designermode zu entdecken. Auch gutes Gemüse aus Eigenanbau wird verkauft. ⌖ *Karte L2* • *Tryggvagata 19* • *562 5030* • *Sa & So 11–17 Uhr*

Kolaportið im Internet **www.kolaportid.is**

Links **Hornið** Rechts **Café Paris**

TOP10 Bars & Cafés

1 Café Paris
Das bei Einheimischen und Urlaubern beliebte Café bietet mittags Sandwiches und Crêpes. Bei gutem Wetter locken Tische im Freien. ✆ *Karte L2* • *Austurstræti 14* • *551 1020* • *Fr, Sa & So 8–1 Uhr*

2 Prikið
Das freundliche Diner lockt ein intellektuelles Publikum an. Abends verwandelt es sich in eine Bar. Am Wochenende legen DJs Hip-Hop auf *(siehe S. 45).*

3 Vegamót
Das Bar-Restaurant mit großem Innenhof füllt sich mittags und nach Ladenschluss. Man kann einen Drink nehmen und mediterrane Küche genießen. ✆ *Karte L3* • *Vegamótstigur 4* • *511 3040*

4 Íslenski Barinn
Die Bar bietet traditionelle isländische Spezialitäten. Sonntags werden Waffeln und Kaffee serviert. Donnerstags, freitags und samstags gibt es Livemusik. ✆ *Karte L2* • *Pósthússtræti 9* • *578 2020*

5 Grái Kötturinn
Das schicke Kellercafé serviert üppiges Frühstück. Es ist ein beliebter Ort zum Kaffeetrinken nach langen Clubnächten. ✆ *Karte L2* • *Hverfisgata 16a* • *551 1544* • *Mo–Fr 7–15 Uhr, Sa & So 8–14 Uhr*

6 Hornið
Die gemütliche, familienbetriebene italienische Pizzeria besteht seit 1979. Sie soll den ersten Espresso in Island serviert haben. Die Pasta mit Meeresfrüchten ist superb. ✆ *Karte L2* • *Hafnarstræti 15* • *551 3340*

7 Café Rosenberg
Die klassische Folk-, Jazz- und Bluesbar serviert einfache Gerichte. Sie wird seit Jahrzehnten betrieben, obwohl das Originalgebäude 2007 abbrannte. ✆ *Karte M3* • *Klapparstigur 25* • *551 2442*

8 Celtic Cross
Die irische Bar lockt viele Besucher an. Zuweilen treten zwei Bands zur gleichen Zeit auf. ✆ *Karte L2* • *Hverfisgata 26* • *571 1033*

9 Sandholt
Die Familienbäckerei bietet gutes Brot, dänisches Plundergebäck, Schokoladenkuchen, Quiches, Sandwiches und Kaffee. ✆ *Karte M3* • *Laugavegur 36* • *551 3524*

10 Mokka
Das im Jahr 1958 eröffnete, schlichte Café gilt als das älteste in Reykjavík. Das Mokka läutete die Kaffeekultur ein. ✆ *Karte L3* • *Skólavörðustíg 3a* • *552 1174*

➡ *Menüs werden nur für den gesamten Tisch serviert.*

Preiskategorien

Preis für ein Drei-Gänge-Menü pro Person (ohne alkoholische Getränke) inklusive Steuern und Service.	
k	unter 3000 ISK
kk	3000 – 5000 ISK
kkk	5000 – 7000 ISK
kkkk	7000 – 9000 ISK
kkkkk	über 9000 ISK

Fjalakötturinn

🕙 Restaurants

1 Við Tjörnina
Spezialität des eleganten Restaurants am Tjörnin sind Meeresfrüchte. Gäste erhalten gratis Brot zum Entenfüttern. ✎ *Karte L3 • Templarasundi 3 • 551 8666 • kkkk*

2 Kolabrautin
Bei herrlicher Aussicht auf Reykjavík lassen sich einfallsreiche nordische Gerichte und Cocktails genießen *(siehe S. 40f).*
✎ *Karte L2 • Austurbakki 1 • 519 9700 • Mo–Fr 11.30–14 Uhr & 17.30–22 Uhr, So 17.30–22 Uhr • kkkk*

3 Lækjarbrekka
Das Restaurant in einem alten Speicher im Stadtzentrum ist mit Antiquitäten eingerichtet. Die traditionellen Fischgerichte sind exzellent. ✎ *Karte L2 • Bankastræti 2 • 551 4430 • tägl. 11–23 Uhr • kkkkk*

4 Humarhúsið
Der frische Hummer in dem Restaurant in einem Haus aus dem 19. Jahrhundert ist exquisit. Auch das Überraschungsmenü mit vier Gängen lohnt. ✎ *Karte L2 • Amtmannstíg 1 • 561 3303 • kkkk*

5 Caruso
Das zwanglos elegante Lokal mit historischer Einrichtung bietet italienische Küche und eine Bar im zweiten Stock. ✎ *Karte L2 • Þingholtstræti 1 • 562 7335 • kkkk*

6 Fjalakötturinn
Das Restaurant bietet vorzügliche Lamm- und Lachsgerichte, elegantes Ambiente und perfekten Service. Im Keller wurde ein Wikinger-Langhaus ausgegraben. ✎ *Karte K2 • Hótel Reykjavík, Aðalstræti 16 • 514 6060 • kkkkk*

7 Einar Ben
Die Karte führt nur Fisch, Rind und Lamm. Die Qualität der Speisen ist aber exzellent. ✎ *Karte K2 • Veltusundi 1 • 511 5090 • kkkkk*

8 Restaurant Reykjavík
Das Fischrestaurant in einem alten Holzhaus bietet Blick auf den Ingólfstorg. Der Kabeljau nach portugiesischer Art ist besonders zu empfehlen. Die Ice Bar befindet sich nebenan. ✎ *Karte K2 • Vesturgata 2 • 552 3030 • kkkk*

9 Brauðbær
Gäste genießen Club Sandwiches, Steaks und kalte *Snorrabrauð*-Gerichte. Es gibt Kinderteller. ✎ *Karte L3 • Hótel Oðinsvé, Þórsgata 1 • 552 0490 • kkkk*

10 O-Sushi
Die Gerichte in dem Sushi-Restaurant sind nach Preiskategorien farbig codiert. ✎ *Karte L2 • Lækjargata 2a • 561 0562 • k*

Links **Wildpferde, Hvalfjörður** Rechts **Hótel Búðir, Halbinsel Snæfellsnes**

Westisland & Halbinsel Snæfellsnes

VON REYKJAVÍK IN RICHTUNG NORDEN *folgt die Ringstraße der Westküste. Die sturmumtoste Region ist reich an Ackerland. Jenseits des Fjords Hvalfjörður und des imposanten Wasserfalls Glymur liegt Akranes. Die eher unscheinbare Stadt besitzt ein gutes Museum. Das stimmungsvolle Borgarnes war Heimat des berühmten Wikingers Egill Skallagrímsson. In dem weiter landeinwärts gelegenen Reykholt lebte der Historiker Snorri Sturluson (1179– 1241) und wurde dort ermordet. Um die Gegend mit Wasserfällen und dem Tal Laxárdalur ranken sich viele Sagen. Die Küste der langen Halbinsel Snæfellsnes nordwestlich von Borgarnes ist mit Fischerdörfern durchsetzt. Die Landspitze überragt der von einem Gletscher bedeckte Vulkan Snæfellsjökull.*

Snorrastofa, Reykholt

TOP 10 Attraktionen

1. Landnámssitur Íslands, Borgarnes
2. Reykholt
3. Hraunfossar, Barnafoss & Kaldidalur
4. Stykkishólmur
5. Breiðafjörður & Flatey
6. Búðir
7. Nationalpark Snæfellsjökull
8. Laxárdalur
9. Akranes
10. Hvalfjörður

Mehr über Westisland **www.west.is**

1 Landnámssitur Íslands, Borgarnes

Die Epoche der Landnahme begann mit den ersten Wikingersiedlungen um 870. Sie endete etwa 930, als der Großteil bewohnbaren Landes verteilt war. Das Museum präsentiert Funde und historische Aufzeichnungen aus dieser Zeit. Eine Abteilung widmet sich dem Leben des in Borgarnes geborenen Skalden und Wikingerhäuptlings Egill Skallagrímsson. ◉ *Karte B4 • Brákarbraut 13–15, Borgarnes • 437 1600 • tägl. Busse ab Reykjavík • Ausstellung & Restaurant tägl. 10–21 Uhr • Eintritt • www.landnam.is*

2 Reykholt

Die Ortschaft im Reykholtsdalur war Heimat von Snorri Sturluson (1179–1241). Der Historiker setzte sich für die Annexion Islands durch Norwegen ein. Nach Differenzen mit dem norwegischen König Hákon wurde Snorri in einem Fluchttunnel unter seinem Haus ermordet. Das bei der Kirche von Reykholt gelegene Snorrastofa dokumentiert die Lebensgeschichte Snorris. Das von ihm angelegte Thermalbad und restaurierte Tunnelreste liegen in der Nähe. ◉ *Karte C4 • Snorrastofa: Reykholt; 433 8000; Mai–Sep: tägl. 10–18 Uhr; Okt–Apr: Mo–Fr 10–17 Uhr & auf Anfrage; Eintritt; www.snorrastofa.is*

Szene aus der Egils saga, Landnámssitur

3 Hraunfossar, Barnafoss & Kaldidalur

Die 15 Kilometer östlich von Reykholt gelegenen Wasserfälle Hraunfossar und Barnafoss sind höchst unterschiedlich: Der eine ist sanft, der andere wild. Beide lohnen den Abstecher von der Straße Nr. 518 auf dem Weg in das karge Tal Kaldidalur, welches sich zwischen dem Vulkan Ok und dem Gletscher Þórisjökull erstreckt. Die 70 Kilometer lange Strecke auf den Straßen Nr. 551, 550 und 52 nach Þingvellir ist nicht asphaltiert, im Sommer aber für Privatfahrzeuge offen. Sie bietet eine gute Möglichkeit zur Erkundung des Landesinneren. ◉ *Karte C4*

4 Stykkishólmur

Die Holzhäuser erinnern daran, dass der Ort am Breiðafjörður im 19. Jahrhundert als Hafen für Heringsfischerei seine Blütezeit erlebte. Das Norska húsið (»Norwegisches Haus«) ist mittlerweile ein Museum. In der Region spielt die *Eyrbyggja saga*. Das Vatnasafn besitzt 24 mit Wasser von den größten Gletschern Islands gefüllte Glastanks. Es bietet schönen Blick auf die Stadt. ◉ *Karte B3 • 433 8100 • Norska húsið: 438 1640; Juni–Aug: tägl. 12–17 Uhr • Vatnasafn: Juni–Aug: tägl. 13– 18 Uhr; Sep–Mai: auf Anfrage unter vatnasafn@gmail. com; Eintritt; www.libraryofwater.is • www.stykkisholmur.is*

Hafen von Stykkishólmur, Halbinsel Snæfellsnes

 Informationen über die Straßenverhältnisse auf der Strecke nach Þingvellir www.vegagerdin.is

Kirche in Búðir

5 Breiðafjörður & Flatey

In dem gewaltigen Fjord Breiðafjörður, der die Halbinsel Snæfellsnes von der Region der Westfjorde trennt, liegen zahlreiche Inseln und Schären, die Seevögeln ideale Brutplätze bieten. Die Bucht kann man von Stykkishólmur aus auf einer Tour mit Sæferðir (www.seatours.is) erkunden. Verbindungen vom Breiðafjörður zu den Westfjorden fahren Flatey an, die größte Insel im Fjord, auf der einst ein bedeutendes Kloster stand. Das Dorf auf Flatey vermittelt einen Eindruck vom Inselleben und lädt zur Vogelbeobachtung ein (www.hotelflatey.is). ◈ *Karte B3*

6 Búðir

Der winzige Ort an der Südküste von Snæfellsnes besteht aus einer Kirche und einem Hotel. Er bietet Blick aufs Meer und auf den Snæfellsjökull. Auf dem Friedhof bei der dunklen Holzkirche (1848) und dem angrenzenden Lavafeld Búðahraun sollen Sagengestalten hausen. Das abgeschiedene, romantische Hótel Búðir *(siehe S. 130)* war Lieblingshotel des Literaturnobelpreisträgers Halldór Laxness. Búðir besitzt einen herrlichen schwarzen Sandstrand. ◈ *Karte A4*

7 Nationalpark Snæfellsjökull

Der von einem Gletscher bedeckte Vulkan in diesem Nationalpark spielt in dem Roman *Reise zum Mittelpunkt der Erde* eine Rolle. Das Areal erstreckt sich über zerklüftete, dicht bewachsene Lavafelder zu der vogelreichen Küste. In dem Park kann man wandern, Ski laufen und die Dörfer erkunden. Er lässt sich mit dem Auto an einem Tag umrunden *(siehe S. 20f)*.

8 Laxárdalur

Das Tal an der Straße Nr. 59 ist Schauplatz der *Laxdæla saga*, der größten Liebestragödie der isländischen Folklore. Diese erzählt von der schönen Guðrún Ósvífursdóttir und ihren vier Männern: Von

Blick auf die Halbinsel Snæfellsnes

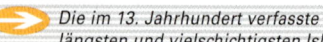

Die im 13. Jahrhundert verfasste Laxdæla saga *zählt zu den längsten und vielschichtigsten Isländersagas.*

dem ersten lässt sie sich scheiden, die übrigen werden verhext, ermordet oder ertrinken. Guðrún tritt daraufhin in ein Kloster ein. Ortsnamen erinnern an die Geschichte, so die Kirche in Hjarðarholt und die Gehöfte Goddastaðir und Höskuldsstaðir. ⊗ *Karte C3*

9 Akranes

Der älteste Fischerhafen des Landes ist der Inbegriff einer bodenständigen isländischen Stadt. Die Fischerei bildet noch immer das Hauptgewerbe, der Hafen und die Fischfabrik bestehen neben den weniger romantischen Zementwerken weiter. Der Fußballverein Íþróttabandalag Akranes wurde 18 Mal Landesmeister. Das reizvolle Museum Safnasvæðið á Akranesi *(siehe S. 82)* lohnt den Abstecher von zehn Kilometern von der Ringstraße an die Küste. ⊗ *Karte B5*

Fischerboot, Safnasvæðið á Akranesi

10 Hvalfjörður

Besucher nutzen meist den Autotunnel unter dem 30 Kilometer langen Fjord. Der Hvalfjörður bietet jedoch bezaubernde Landschaft und den höchsten Wasserfall Islands, den Glymur *(siehe S. 32)*. Der Name »Walfjord« geht auf die einst hier gesichteten Meeressäuger zurück. Die roten US-Marinekasernen aus dem Zweiten Weltkrieg dienen heute als Ferienwohnungen. ⊗ *Karte C4*

Ein Tag in Westisland

Vormittag

Fahren Sie von Reykjavík nach Norden um die windgepeitschte Halbinsel Kjalarnes herum. Die Straße verläuft zwischen dem Meer und dem Esja-Plateau. Statt durch den Tunnel unter dem **Hvalfjörður** zu fahren, folgen Sie der Straße Nr. 47. An der Spitze des Fjords fährt eine kurze Schotterpiste landeinwärts zum Wasserfall **Glymur** *(siehe S. 32)*. Fahren Sie am Hvalfjörður zurück zur Straße Nr. 1 und weiter nach **Borgarnes**. Dort können Sie im **Landnámssitur Íslands** in das Leben der Wikinger eintauchen und die gruseligen Schaubilder mit Szenen aus der *Egils saga* ansehen. Essen Sie in der Cafeteria des Museums zu Mittag.

Nachmittag

Machen Sie am Nachmittag in **Deildartunguhver** *(siehe S. 58)* halt und besichtigen Sie die größten heißen Quellen Europas. Dann geht es weiter nach **Reykholt** mit dem Museum Snorrastofa, der Kirche und dem rekonstruierten historischen Thermalbad. Von Reykholt führt die Straße Nr. 518 zu den Wasserfällen **Hraunfossar** und **Barnafoss**. Der Barnafoss ist Schauplatz der tragischen Geschichte zweier Kinder, die ertranken, als sie über eine Lavabrücke zu gehen versuchten. Beide Wasserfälle sind klein, aber malerisch. Nun besteht die Möglichkeit, auf derselben Route zurückzufahren. Im Sommer kann man aber auch über Schotterpisten nach Süden fahren und Reykjavík über **Kaldidalur** und **Þingvellir** *(siehe S. 8f)* ansteuern.

Links **Historisches Fischerboot, Safnasvæðið á Akranesi** Rechts **Höhleneingang, Surtshellir**

TOP 10 Dies & Das

1 Borg á Mýrum
Der Wohnsitz von Egill Skallagrímsson bietet keine Zeitzeugnisse. Die Statue *Sonatorrek* ist nach einer Dichtung des Skalden benannt. ◈ *Karte B4*

2 Eiríksstaðir
Das rekonstruierte Langhaus gehörte dem Wikinger Erík Þorvaldsson und dessen Sohn Leifur, die Grönland und Nordamerika erforschten. ◈ *Karte C3 • Haukadal, 371 Búðardalur • 434 1118 • Juni–Aug: tägl. 9–18 Uhr • Eintritt • www.eiriks stadir.is*

3 Gamla Pakkhúsið
Der Speicher von 1844 beherbergt ein Café und ein Museum, in dem Fotos und Fischereiandenken die Stadtgeschichte nachzeichnen. ◈ *Karte A3 • Ólafsbraut, Ólafsvík • 433 6930 • Juni–Aug: tägl. 13–18 Uhr • Eintritt*

4 Kerlingarfjall
Auf dem Berg, über den die Straße Nr. 56 nach Stykkishólmur führt, soll der Geist eines weiblichen Trolls umgehen, der auf dem Rückweg vom Fischen versteinert wurde. ◈ *Karte B3*

5 Húsafell
In dem malerischen Wald- und Weideland östlich von Reykholt liegen eine alte Kirche, ein Thermalfreibad und eine Tankstelle, die die weit auseinanderliegenden, von Feriengästen angemieteten Sommerhäuser versorgt. ◈ *Karte C4*

6 Surtshellir
In der nach dem Riesen Surtur benannten Höhle versteckten einst Banditen gestohlenes Vieh. ◈ *Karte C4*

7 Safnasvæðið á Akranesi
Die vier Museen der Anlage widmen sich Mineralien, Volkskunde, Sport und Landvermessung. ◈ *Karte B5 • Að Görðum, Akranes • 431 5566 • Juni–Aug: tägl. 10–17 Uhr; Sep–Mai: tägl. 13–17 Uhr • Eintritt • www.museum.is*

8 Berserkjahraun
Nach der *Eyrbyggja saga* war einem Berserker die Tochter eines Einheimischen versprochen, wenn er einen Pfad durch das Lavafeld schlüge. Er wurde nach getaner Arbeit getötet. ◈ *Karte B3*

9 Kirche von Stykkishólmur
In der schiffsförmigen Kirche können von Juni bis August Konzerte besucht werden. ◈ *Karte B3 • tägl. 10–17 Uhr • Eintritt für Konzerte*

10 Glanni
An dem Wasserfall des Norðurá nahe Bifröst kann man Lachse springen sehen. ◈ *Karte C4*

Weitere Wasserfälle in Island **siehe S. 32f**

Restaurant im Hótel Hamar

TOP 10 Restaurants

1 Hótel Búðir
Das exquisite Hotelrestaurant *(siehe S. 130)* serviert Lamm und Seafood in eleganter Atmosphäre. Die Preise sind günstiger als in vergleichbaren Restaurants in Reykjavík. ⊘ *Karte A4 • kkkk*

2 Hótel Hamar
Die Speisekarte ähnelt der des Hótel Búðir, doch das Restaurant ist weniger formell. Es bietet vor allem vom Balkon der Bar fantastischen Meerblick *(siehe S. 130).* ⊘ *Karte B4 • kkkk*

3 Landnámssitur Íslands
Der Fang des Tages, das Mittagsmenü mit Suppe, Salat und Brot und die Nudelgerichte sorgen für eine preiswerte Mahlzeit. Es gibt auch vegetarische Speisen. ⊘ *Karte B4 • Brákarbraut 13–15, Borgarnes • 437 1600 • Sommer: tägl. 10–21 Uhr • kkk*

4 Hyrnan Snack Bar
Die Bar in dem neben der Tankstelle gelegenen Shoppingcenter ist beliebt. Sie bietet gute Sandwiches und Pizzas. ⊘ *Karte B4 • Brúartorg, Borgarnes • k*

5 Fosshótel Reykholt
Unter den wenigen Speiselokalen in der Stadt bietet das Fosshótel Reykholt hervorragende Qualität. Es serviert einfache Suppen und Grillgerichte. Gäste des Hotels können die heißen Badebecken im Freien nutzen. ⊘ *Karte C4 • 320 Reykholt • 435 1260 • kkkk • www.fosshotel.is*

6 Hótel Hellissandur
Das Restaurant mit Blick auf den Snæfellsjökull bietet isländische Spezialitäten wie frischen Fisch sowie Burger. Kaffee und Kuchen sind exzellent. Die Bar hat lange geöffnet. ⊘ *Karte A3 • Klettisbúð 9, Hellissandur • 430 8600 • kkk • www.hotelhellissandur.is*

7 Hótel Glymur
Das Carpaccio vom Rind, die gebratene Forelle und die hausgemachte Eiscreme in dem Restaurant in schöner ländlicher Umgebung sind hervorragend. Das Café serviert leckere Snacks. ⊘ *Karte C3 • Hvalfjörður • 430 3100 • kkkk • www.hotelglymur.is*

8 Fjöruhúsið
Das Café lockt mit Fischsuppe, frisch gebackenem Kuchen und Blick auf den Hafen. ⊘ *Karte A4 • Hellnar, Snæfellsnes • 435 6844 • Juni–Nov: tägl. 10–21 Uhr • kk*

9 Plássið
Das Lokal in der Nähe des Hafens von Stykkishólmur bietet Pizzas, Burger und Grillgerichte. Die Bar ist gut bestückt. ⊘ *Karte B3 • Frúarstíg 1, Stykkishólmur • 436 1600 • kkk • www.plassid.is*

10 Narfeyrarstofa
Das Holzhaus birgt ein Restaurant und eine kleine Lounge mit Sofas. Die Miesmuscheln und der Rhabarberkuchen sind empfehlenswert. ⊘ *Karte B3 • Aðalgata 3, Stykkishólmur • 438 1119 • kkkk • www.narfeyrarstofa.is*

▶ *Restaurant-Tipps* **siehe S. 127**

Regionen – Westisland & Halbinsel Snæfellsnes

Links **Wasserfall Dynjandi** Rechts **Kirche von Hrafnseyri**

Westfjorde

DIE HOHEN BERGE *mit breiten Plateaus, das blaue Meer und die zerklüfteten Küsten in Islands äußerstem Nordwesten haben erhabenes Flair.
Die weit verstreuten Gemeinden leben abgeschieden – die Region bietet
außerhalb des einzigen großen Orts Ísafjörður nur wenig Infrastruktur. Die
Sehenswürdigkeiten konzentrieren sich auf die Westküste der Fjorde zwischen
Látrabjarg und Ísafjörður. Die Ostküste von Strandir ist von karger Schönheit,
im Landesinneren liegen verschneite Hochebenen. Die Westfjorde besucht
man am besten im Sommer, wenn die Straßen geöffnet sind: Nach einem
Flug nach Ísafjörður ist die Region nur mit dem Auto zu erkunden.*

Látrabjarg

TOP 10 Attraktionen

1. Flókalundur
2. Patreksfjörður
3. Rauðasandur
4. Látrabjarg
5. Galdrasýning á Ströndum, Hólmavík
6. Hrafnseyri
7. Ísafjörður
8. Melrakkasetur Íslands, Súðavík
9. Norðurfjörður
10. Drangajökull

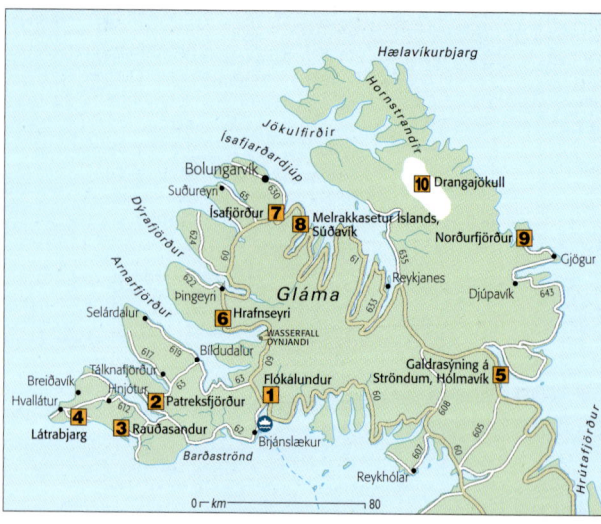

Vorhergehende Doppelseite
Die nordostisländische Stadt Húsavík

1 Flókalundur

Das an der Südküste an der Straße Nr. 62 gelegene Dorf »Flókis Wald« ist benannt nach dem Wikinger Flóki Vilgerðarson. Dieser bestieg in einem harten Winter um 860 den nahen Berg Lónfell. Als er den zugefrorenen Fjord erblickte, gab er dem Land den Namen »Eisland«. Die umliegenden Sumpfgebiete, Wälder und kargen Basalt-Plateaus bilden den Nationalpark Vatnsfjörður, den man vom Hótel Flókalundur *(siehe S. 91)* aus erkunden kann. Zur Hotelanlage gehören ein Laden, eine Tankstelle, ein Campingplatz und ein Restaurant. ◈ *Karte B2*

2 Patreksfjörður

Das nach dem heiligen Patrick benannte Dorf an der Straße Nr. 62 war im frühen 20. Jahrhundert Ausgangspunkt der Schleppnetzfischerei in Island. Anfang des 17. Jahrhunderts überfielen baskische Piraten den Ort. Autofahrern bietet Patreksfjörður vor der Fahrt zu den südwestlich des Fjords am Ende der Straße Nr. 62 gelegenen Vogelfelsen von Látrabjarg und dem Strand Breiðavík *(siehe S. 23)* die letzte Möglichkeit, sich mit Benzin und Proviant zu versorgen. ◈ *Karte A2*

3 Rauðasandur

Am zimtfarbenen Strand auf der südwestlichsten Halbinsel der Westfjorde an der unbefes-

Strand auf Rauðasandur

tigten Straße Nr. 614 sind oft Robben zu sehen. Die im Grasland hinter der Nehrung nistenden Raubmöwen verteidigen aggressiv ihr Revier. Fünf Kilometer östlich des Strands befinden sich die Ruinen des Gehöfts Sjöundá. Gunnar Gunnarssons Dichtung *Svartfugl* erzählt von einem Doppelmord, der sich 1802 auf dem Anwesen zutrug. Ein steiler, rutschiger Pfad führt auf den Berg Skor hinauf, der schönen Blick auf das Meer bietet. ◈ *Karte A3*

4 Látrabjarg

Im Sommer leben Millionen von Seevögeln auf den Klippen, die zu den größten Attraktionen Islands gehören. Die raue Landschaft, die unberührten Strände und die einsam gelegenen Häuser lassen die Mühsal des Landlebens erahnen. In den Sommermonaten werden Tagesfahrten mit Bussen zu den Vogelfelsen angeboten *(siehe S. 22f)*.

Blick auf Patreksfjörður

Windmühle auf der Insel Vigur

5 Galdrasýning á Ströndum, Hólmavík

Das Museum für Magie und Hexerei im Krabbenfischerhafen Hólmavík an der Südostküste ist in der Beziehung der Region zu den dunklen Künsten begründet: Im 17. Jahrhundert wurden in diesem Gebiet 19 Hexer und eine Hexe verbrannt. Das Museum bietet Modelle, eine Audioführung und Livevorführungen. Es betreibt auch das 40 Kilometer entfernte »Zaubererhäuschen«, die Rekonstruktion einer typischen Schäferhütte aus dem 20. Jahrhundert. ◉ *Karte C2 • Höfðagata 8–10, 510 Hólmavík • 897 6525, 451 3525 • tägl. 9–18 Uhr • Eintritt • www.galdrasyning.is*

6 Hrafnseyri

Der aus einer Kirche und einem Grassodenhaus bestehende Weiler mit Blick auf den Arnarfjörður ist der Geburtsort von Jón Sigurðsson (1811–1879), der um die Unabhängigkeit Islands von Dänemark kämpfte und die Wiedereinsetzung des Parlaments und der Selbstverwaltung bewirkte. Sein Geburtstag, der 17. Juni, ist Nationalfeiertag. Das Grassodenhaus beherbergt ein Museum. Der imposante Wasserfall Dynjandi *(siehe S. 33)* liegt 15 Kilometer südlich. ◉ *Karte B2 • 456 8260 • Museum: Juni–Aug: tägl. 10–18 Uhr; Eintritt*

7 Ísafjörður

Der Hauptort der Region besitzt einen Flughafen. Zu den historischen Häusern der reizenden Stadt zählt das im Schatten der steilen Hänge des Kirkjubólsfjall gelegene Turnhús *(siehe S. 63)*. Jenseits des Ísafjarðardjúp bietet die unbewohnte Halbinsel Hornstrandir hervorragende Wandermöglichkeiten. Im Sommer fahren Boote die Halbinsel und die kleine Insel Vigur an *(siehe S. 52)*. ◉ *Karte B2 • Information: 450 8060; www.isafjordur.is*

8 Melrakkasetur Íslands, Súðavík

Das Museum in dem Gehöft Eyrardalur 20 Kilometer südlich von Ísafjörður untersucht die Biologie des Polarfuchses und sein Verhältnis zum Menschen. Die Füchse, ursprünglich die einzigen

Jón-Sigurðsson-Denkmal in Hrafnseyri

Säugetiere in Island, kamen wohl auf Eisschollen aus Grönland ins Land. Der Polarfuchs ist größer als der europäische Fuchs. Er ernährt sich von am Boden brütenden Vögeln. Im Winter ist sein Fell weiß. ◉ *Karte B2 • Eyrardal, Súðavík • 456 4922 • variierende Öffnungszeiten • Eintritt • www.melrakki.is*

Norðurfjörður

Die winzige Ortschaft befindet sich am Ende der Straße Nr. 648 an der Küste in Strandir. Die wunderschöne Landschaft lohnt die Anreise über Schotterpisten. Der einsame, romantische Ort bietet Blick über die Norðurfjörður-Bucht aufs Meer. Er wird von dem 646 Meter hohen Krossnesfjall überragt. Etwa vier Kilometer weiter die Küste entlang liegt Krossneslaug, ein von einer heißen Quelle gespeistes Freibad am Strand. ◉ *Karte C2*

Drangajökull

Der einzige dauerhafte Gletscher der Region liegt sehr abgeschieden. Die Eismasse auf dem Plateau bietet einen herrlichen Anblick. Seit dem 18. Jahrhundert hat sie an Größe abgenommen. Die Straße Nr. 635 zu dem mit dem Drangajökull verbundenen Gletscher Kaldalónsjökull bietet gute Sicht. Von der Kaldalón-Bucht beträgt der Fußweg zum Gletscher eine Stunde. ◉ *Karte B2*

Drangajökull, Hornstrandir

Ein Tag an den Westfjorden

Vormittag

Fähren von Stykkishólmur fahren Brjánslækur auf der Halbinsel Snæfellsnes an. Von dort führt die Straße Nr. 62 Richtung Norden nach **Flókalundur**. In dem Ort können Sie tanken und Proviant kaufen, ehe Sie über die Schotterpiste der Straße Nr. 60 zum Dynjandisheiði-Plateau hinauffahren. Die Straße führt an dem tosenden Wasserfall **Dynjandi** *(siehe S. 33)* jäh zur Küste hinab. Hier kann man eine Stunde damit verbingen, die Kaskaden zu betrachten (morgens und abends sind die Lichtverhältnisse am schönsten). Die Grünfläche am Fuß des Wasserfalls lädt zu einem Picknick ein.

Nachmittag

Fahren Sie um die Bucht herum nach **Hrafnseyri**, dem Geburtsort von Jón Sigurðsson *(siehe S. 31)*. Besichtigen Sie das Museum, das dem isländischen Freiheitskämpfer gewidmet ist. Nach 65 Kilometern Fahrt erreichen Sie **Ísafjörður**. Die Route führt über Þingeyri, die älteste Handelsstadt der Westfjorde, über zwei Gebirgspässe und durch einen langen einspurigen Tunnel. Es herrscht jedoch meistens wenig Verkehr. Wenn Sie in Ísafjörður angekommen sind, sorgen Sie für ein Nachtlager. Besuchen Sie dann das Museum im historischen **Turnhús** *(siehe S. 63)* oder schlendern Sie zum Hafen hinunter. Dort gibt es meist viele Enten zu sehen. Das nahe gelegene **Faktorshús** *(siehe S. 91)* eignet sich ideal für einen spätnachmittäglichen Kaffee mit Kuchen.

 In Island unterwegs **siehe S. 121**

Links **Alte Fischerhäuser im Museum Ósvör** Rechts **Strand Breiðavik**

TOP 10 Dies & Das

1 Pennugil
Die Schlucht, die der Fluss Penná durchläuft, ist zu Fuß in 30 Minuten von Flókalundur aus zu erreichen. In der heißen Quelle kann man baden. ✆ *Karte B2*

2 Reiðskörð
An der zerklüfteten vulkanischen Barriere bei der südlich der Westfjorde gelegenen Barðaströnd-Bucht führt die Straße Nr. 62 vorbei. ✆ *Karte A3*

3 Brautarholt
In dem einsamen Tal am Ende der Straße Nr. 619 lebte der Künstler Samúel Jónsson (1884–1969). Der Autodidakt schuf bizarre Skulpturen und Bauwerke. ✆ *Karte A2 • Selárdalur, Arnarfjörður*

4 Skrúður
Islands ältester Botanischer Garten in einem Tal an der Straße Nr. 64 wurde 1909 von dem Pfarrer Sigtryggur Guðlaugsson angelegt. ✆ *Karte A2 • Núpur*

5 Bolungarvík
In dem Fischerdorf zeigt das Freilichtmuseum Ósvör Grassodenhäuser und Fischerboote, das Naturkundemuseum ausgestopfte heimische Vögel. ✆ *Karte B1 • Ósvör: 892 5744, nach Vereinbarung, www.osvor.is; Naturkundemuseum: 456 7351; Juni–Aug: Mo–Fr 9–17 Uhr, Sa & So 10–16 Uhr; www.nabo.is*

6 Djúpavík
Die raue Landschaft der Bucht in der Mitte der einsamen Küste von Strandir birgt ein jahrhundertealtes Wrack und eine stillgelegte Fischfabrik. ✆ *Karte C2*

7 Reykjanes
Ein Abstecher von der Straße Nr. 61 führt zu dem Weiler mit Thermalfreibad und Sauna östlich von Ísafjörður. ✆ *Karte B2*

8 Kaldalón
Der Komponist Sigvaldi Stefánsson (1881–1946) nannte sich nach der vom Gletscher Drangajökull *(siehe S. 89)* gespeisten »Kalten Lagune« Sigvaldi Kaldalóns. ✆ *Karte B2*

9 Hælavíkurbjarg
Die Vogelkolonie auf dem zwischen den Inseln Hælavík und Hornvík 258 Meter senkrecht aufragenden Fels zählt mit jenen von Látrabjarg und Hornbjarg zu den größten der Region. ✆ *Karte B1*

10 Hvallátur
Islands westlichste Siedlung umfasst ein Gehöft und ein Hotel am Strand Breiðavík. Hier wurde die Mannschaft der *Dhoon (siehe S. 23)* gerettet. ✆ *Karte A2*

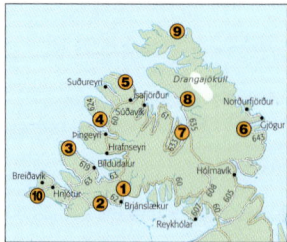

Preiskategorien

Preis für ein Drei-Gänge-Menü pro Person (ohne alkoholische Getränke) inklusive Steuern und Service.	
k	unter 3000 ISK
kk	3000–5000 ISK
kkk	5000–7000 ISK
kkkk	7000–9000 ISK
kkkkk	über 9000 ISK

Restaurant Við Pollinn im Hótel Ísafjörður

🍽10 Restaurants

1 Við Pollinn
Das in nordischem Stil gehaltene Restaurant im Hótel Ísafjörður *(siehe S. 130)* serviert isländische Spezialitäten wie gegrilltes Lamm und Fischsuppe. ◈ *Karte B2 • 456 3360 • kkkk*

2 Faktorshús
Das Holzhaus (1788) in einem historischen Stadtteil, einst Wohnsitz des Handelsdirektors von Ísafjörður, ist nun ein Hotel. Das Café bietet Snacks und Kuchen. ◈ *Karte B2 • Hœsti Kampstaður, Ísafjörður • 899 0742 • kk*

3 Hamraborg Snack Bar
Der Fast-Food-Stand der Videothek verkauft Hamburger, Pizza, Sandwiches und *pylsur* (Hotdogs) mit Remoulade, Zwiebeln und Tomatensauce. ◈ *Karte B2 • Hafnarstræti 7, Ísafjörður • 456 3166 • k*

4 Hótel Flókalundur
Die leckeren Fisch- und Wildgerichte von der Abendkarte sollte man vorbestellen. Es gibt auch preiswerte Mittagsmenüs. ◈ *Karte A2 • Vatnsfirði 451, Patreksfjörður • 456 2011 • 20. Mai–15. Sep • kk–kkk • www.flokalundur.is*

5 Hótel Laugarhóll
In der herrlichen Umgebung des reizenden Hotels mit Thermalbad verlaufen Wanderwege. Das exzellente Restaurant serviert Tagesmenüs sowie Gerichte à la carte. ◈ *Karte B3 • Klúka, Strandir, Bjarnarfjörður • 451 3380 • kkkk • www.laugarholl.is*

6 Hótel Djúpavík
Im mit Holzbalken versehenen gemütlichen Gastraum des traumhaft gelegenen Hotels wird exzellente traditionelle Küche serviert. ◈ *Karte C2 • Djúpavík, Strandir • 451 4037 • kkk • www.djupavik.com*

7 Café Riis
Das hervorragende Restaurant an der Küste von Strandir bietet gebratene Papageitaucherbrust, Forelle und Lammfilets. Auch Sandwiches, Burger, Kuchen und Kaffee sind erhältlich. ◈ *Karte C2 • Hafnarbraut 39, Hólmavík • 451 3567 • kkk*

8 Hótel Bjarkalundur
Wenn Sie an den Westfjorden die Straße Nr. 60 befahren, wird das einladende Restaurant in dem ansonsten unbedeutenden Hotel sehr willkommen sein. ◈ *Karte B3 • Reykhólahreppi • 894 1295 • kkkk • www.bjarkalundur.is*

9 Hótel Flatey
Die Preise der Lamm- und Fischgerichte sind angesichts der isolierten Lage des Hotels auf einer Insel in der Bucht zwischen Snæfellsnes und den Westfjorden moderat. ◈ *Karte B3 • Flatey, Breiðafjörður • 422 7610 • kkkk • www.hotelflatey.is*

10 Þorpið
Die Fischgerichte des Grillrestaurants in der Stadt mit Seefahrertradition sind hervorragend. ◈ *Karte A2 • Aðalstræti 73, Patreksfjörður • 456 1295 • kk*

➤ *Isländische Spezialitäten* **siehe S. 41**

Links **Schlammtopf im Hverir-Gebiet, Mývatn** Rechts **Gehöft Hraun í Öxnadalur**

Norden

D ER GESCHICHTSTRÄCHTIGE NORDEN ISLANDS *mit der tierreichen, wunderschönen Landschaft bietet zahllose Attraktionen. Die Hauptstadt der Region Akureyri besitzt hübsche historische Häuser. Am Mývatn mit den beeindruckenden vulkanischen Formationen leben viele Vögel. Auch das reizende Húsavík, die Schluchten und Wasserfälle im Nationalpark Jökulsárgljúfur sowie außergewöhnliche Museen, Walbeobachtungstouren, alte Gehöfte, Kirchen und Schauplätze der für die isländische Kultur zentralen Sagas wie Hólar erwarten Besucher. Die Straße Nr. 1 führt zu den einzelnen Zielen.*

Attraktionen

1 Blönduós
2 Sauðárkrókur
3 Hraun í Öxnadalur
4 Dalvík
5 Akureyri
6 Hólar
7 Húsavík
8 Mývatn
9 Nationalpark Jökulsárgljúfur
10 Dettifoss

Altar der Kirche von Hólar, Detail

Mehr über Nordisland **www.northiceland.is**

Blönduós

Das an der Húnaflói-Bucht gelegene Fischerdorf besitzt eine außergewöhnliche, 1993 errichtete Kirche, deren schräge Betonwände die Silhouette der nahe gelegenen Berge reflektieren. Konzerte des Chors belegen die gute Akustik des Bauwerks. Von Blönduós starten Beobachtungsfahrten zu den Robben und Seevögeln in der Bucht sowie zu den 15 Kilometer westlich gelegenen Erdhügeln Vatnsdalshólar, die durch Erdbeben entstanden. In dem Gebiet fand im Jahr 1830 die letzte Hinrichtung in Island statt. ◈ *Karte D2*

Saudárkrókur

Die Anfahrt nach Saudárkrókur führt durch ein grünes Tal. Den zentralen Platz des Dorfs umgeben reizende historische Häuser. In der Kirche und in dem Hótel Tindastóll soll es spuken. Die Küste von Saudárkrókur ist ebenso Schauplatz der *Grettis saga* wie die Insel Drangey mit den senkrechten Felswänden, auf der Grettir seine letzten Lebensjahre verbracht haben soll. Das Thermalbecken Grettislaug soll dem Geächteten Erholung geboten haben, wenn er von Drangey aus an Land geschwommen war, um Glut für sein Feuer zu holen. ◈ *Karte D2 • Bootsfahrten nach Drangey: Viggó Jónsson, 821 0090; Juni–Mitte Aug; www.drangey.net*

Straße im historischen Teil von Saudárkrókur

Hraun í Öxnadalur

Das Gehöft in dem von Gletschern durchzogenen Tal Öxnadalur ist Geburtsort von Jónas Hallgrímsson (1807–1845). Die romantischen, die Landschaft preisenden Verse des Dichters veränderten die Einstellung der armen, meist in Torfhäusern lebenden Isländer: Sie begannen, ihr Land zu lieben, statt es als minderwertig zu empfinden. Hallgrímsson wurde mit einem Begräbnis in der Kirche von Þingvellir *(siehe S. 8)* geehrt. ◈ *Karte E2*

Dalvík

In dem kleinen Hafenort findet das Festival Fiskidagurinn mikli *(siehe S. 54)* statt. Boote fahren die Insel Grímsey *(siehe S. 52f)* an, Fähren führen zur Insel Hrísey, auf der viele Schneehühner leben. In dem nahe gelegenen Tal Svarfaðadalur verlaufen viele Wanderwege. Man kann ausgedehnte Touren oder kurze Spaziergänge unternehmen, bei denen man im August Blaubeeren pflücken kann. ◈ *Karte E2*

Hafen von Dalvík vor der Kulisse der Berge

Mehr über das Hótel Tindastóll in Saudárkrókur
www.arctichotels.is/en/hotel-tindastoll

Walbeobachtung, Húsavík

Akureyri

5 Die mit 17 000 Einwohnern zweitgrößte Stadt Islands besitzt eine entspannte Atmosphäre. Sie bietet einen netten Hafen sowie viele Läden, Cafés und Restaurants. Die Akureyrarkirkja zieren Buntglasfenster, die zum Teil aus der Kathedrale von Coventry in England stammen, sowie einige moderne Werke isländischer Künstler. Interessant sind auch der Botanische Garten mit heimischen und ausländischen Pflanzen sowie die Grabbeigaben aus der Wikingerzeit im Museum Minjasafnið. ◈ *Karte E2 • Information: Strandgata 12; 450 1050; www.visit akureyri.is • Museum: Aðalstræti 58; 462 4162; www.minjasafnid.is*

Hólar

6 Hólar í Hjaltadal war einst die größte Siedlung Nordislands: Das

Akureyrarkirkja

von Bischof Jón Ögmundsson im Jahr 1106 gegründete Kloster mit einer Schule zog Gelehrte und Mönche aus ganz Europa an. Die Institute überdauerten die Reformation, der letzte katholische Bischof von Hólar, Jón Arason, wurde allerdings hingerichtet. Heute sind die Kathedrale *(siehe S. 66)* und die Hochschule, welche die Fächer Gewässerbewirtschaftung, Fremdenverkehr und Hippologie unterrichtet, die einzigen Gebäude des Orts. ◈ *Karte D2 • Information: 455 6300; tägl. 8–16 Uhr*

Húsavík

7 Die reizende Stadt an der großen Skjálfandi-Bucht ist Zentrum für Walbeobachtungsfahrten in Island. Den ganzen Sommer über finden täglich mehrere Touren statt. Húsavík bietet ein Walmuseum *(siehe S. 63)* und ein Museum in der Stadtbücherei. Die Küste lädt zu Spaziergängen an grünen Landspitzen und kleinen Stränden ein, wo man Robben beobachten kann. ◈ *Karte E2 • Walbeobachtungstouren: www.gentlegiants.is, www.northsailing.is*

Mývatn

8 Der See Mývatn bietet mit Aschekegeln, erstarrten Lavafeldern, Thermalfreibädern, heißen Quellen und kargen Landschaftsformationen Besuchern zahlreiche für Island charakteristische Erlebnisse. Viele Attraktionen liegen in Ufernähe. Um weiter entfernt gelegene Sehenswürdigkeiten wie den mit dem isländischen Wort für »Hölle« bezeichneten Kratersee Víti zu besuchen, ist allerdings ein Auto erforderlich (siehe S. 16f).

9 Nationalpark Jökulsárgljúfur

Die gewaltige Schlucht im Norden des Nationalparks Vatnajökull (siehe S. 18f) eignet sich hervorragend zum Wandern. Die Wege verlaufen am Rand der Schlucht oder durch ein Tal voller Blumen und Vögel. Attraktionen am Weg sind die rot gefärbte Rauðhólar-Kraterreihe, die sechseckigen Granitsäulen von Hljóðaklettar, die Quellen von Hólmatungur und der Dettifoss. ◈ Karte F2 • Nationalpark: www.ust.is

10 Dettifoss

Wegen der unbefestigten, nur wenige Monate geöffneten Zufahrtswege ist der Dettifoss (siehe S. 32) schwer zu erreichen. Der imposante Wasserfall lohnt jedoch den Weg. Die Anfahrt aus östlicher Richtung ist am leichtesten zu bewältigen. Sie führt über ein steiniges Vulkanplateau. Flussabwärts liegt in der imposanten Schlucht Jökulsárgljúfur der Wasserfall Hafragilsfoss, bei dem sich eine Aussichtsplattform befindet. ◈ Karte F2

Am Dettifoss in der Schlucht Jökulsárgljúfur

Ein Tag am Mývatn

Vormittag

Wenn Sie frühzeitig starten, können Sie fast alle Attraktionen am **Mývatn** an einem langen Sommertag besichtigen. Zuerst locken die warmen Badebecken von Grjótagjá. In südlicher Richtung liegen die schwarzen Hänge des **Hverfell** (siehe S. 17). Vom Kraterrand aus kann man die gesamte Region um den Mývatn überblicken. Nach dem Abstieg kann man **Dimmuborgir** (siehe S. 16), ein Gebiet mit bizarren Lavaformationen, erkunden. Auf Felsspitzen nisten die seltenen Gerfalken. Eine kurze Fahrt in Richtung Seeufer führt zu dem Naturpark Höfði, in dem zahlreiche Wasservogelarten leben, darunter Spatelenten, Bergenten und Säger. Folgen Sie anschließend der Straße zum südlichen Ufer des Sees. Dort ist bei Skútustaðir eine große Gruppe von grasbewachsenen Pseudokratern zu sehen.

Nachmittag

Je nachdem, wie weit Sie gekommen sind, können Sie in den Cafés in Dimmuborgir oder Skútustaðir zu Mittag essen oder um den See zum Restaurant **Gamli Bærinn** (siehe S. 97) in Reykjahlíð fahren. Östlich liegen die Solfataren von **Námaskarð** (siehe S. 59). Eine Nebenstraße führt in nördlicher Richtung am Kraftwerk Leirbotn vorbei zu dem vom Vulkan Leirhnjúkur überragten Krafla-Gebiet. Bei dem Besuch des riesigen Areals mit dampfender Lava, die in den 1980er Jahren austrat, ist Vorsicht geboten. Zum Abschluss des Tages lädt das **Naturbad Jarðböðin** (siehe S. 58) auf dem Rückweg zu einer Pause ein.

In Island ist Walfang seit 2003 zu wissenschaftlichen, seit 2006 zu kommerziellen Zwecken wieder zugelassen.

95

Links **Goðafoss** Rechts **Grassodenhäuser in Laufás**

10 Dies & Das

1 Hofsós
Das Museum Vesturfarase-tríð *(siehe S. 62)* ist in einem der ältesten Holzhäuser Islands *(Pakkhúsið)* ansässig. Der Ort hat auch ein Freibad *(siehe S. 51)*.

2 Glaumbær
Das importierte Bauholz der Grassodenhäuser (1750–1879) deutet auf einen gewissen Wohlstand der Familie hin. ❧ *Karte D2*
• *Glaumbær, 560 Varmahlíð • 453 6173*
• *Ende Mai–Ende Sep: tägl. 9–18 Uhr*
• *Eintritt • www.glaumbaer.is*

3 Goðafoss
Der imposante Wasserfall ist nach einem Ereignis aus der Zeit der Christianisierung 1000 n. Chr. benannt *(siehe S. 33)*.

4 Vaglaskógur
Der riesige Birkenwald im Tal Fnjóskadalur ist ein beliebtes Campinggebiet. Es bietet einen kleinen Laden und Wanderwege.
❧ *Karte E2 • Campingplatz: 860 2213; Mai – Sep*

5 Laufás
Das Museum in einem Torfhaus (19. Jh.) auf einem Gehöft zeigt alte Haushaltsgeräte. Die benachbarte Kirche ist etwas älter; die Kanzel stammt aus dem 17. Jahrhundert. ❧ *Karte E2 • 463 3196 • Juni–Aug: tägl. 9–17 Uhr • Eintritt • www.minjasafnid.is*

6 Grenjaðarstaður
Auf einigen Dächern der Grassodenhäuser des Museums-

areals wachsen Blumen. Der Friedhof birgt Grabsteine mit Runen. ❧ *Karte E2 • 464 3688*
• *Juni–Aug: tägl. 10–18 Uhr • Eintritt*

7 Laxá í Aðaldal
Nahe dem Mývatn locken Stromschnellen des Flusses Laxá Wassertreter sowie Spatel- und Kragenenten an. Flussabwärts liegen gute Angelgebiete *(siehe S. 64)*.

8 Þingeyrarkirkja
Die 1909 bis 1911 errichtete Kirche steht einsam auf einer grasbedeckten Sandbank *(siehe S. 67)*. ❧ *Karte C2 • Þingeyrar nahe Blönduós • 895 4473 • Juni–Aug: tägl. 10–18 Uhr • Eintritt*

9 Hvítserkur
Der 15 Meter hohe Felsen im Osten der Halbinsel Vatnsnes an der Straße Nr. 711 ähnelt einem Dinosaurier, der Meerwasser trinkt. ❧ *Karte C4*

10 Tjörnes
Die Halbinsel weist ausgeprägte geologische Schichten mit Muschel- und Pflanzenfossilien auf. Ein Fossilienbett liegt nahe dem Gehöft Ytri-Tunga. ❧ *Karte E2*

Mehr über Grenjaðarstaður **www.husmus.is**

Restaurant im Hótel Gígur

Preiskategorien

Preis für ein Drei-Gänge-	**k**	unter 3000 ISK
Menü pro Person (ohne	**kk**	3000 – 5000 ISK
alkoholische Getränke)	**kkk**	5000 – 7000 ISK
inklusive Steuern und	**kkkk**	7000 – 9000 ISK
Service.	**kkkkk**	über 9000 ISK

⃣🔟 Restaurants

1 Hótel KEA
Das umfangreiche Angebot in dem Restaurant des Hótel KEA *(siehe S. 130)* reicht von Lunchbüfetts bis zu Gerichten à la carte. Die Beleuchtung in dem holzverkleideten Gastraum ist gedämpft. ✎ **kkkk**

2 Gamli Bærinn
Die Cafébar im Hótel Reynihlíð bietet den ganzen Tag über Bier, leichte Mahlzeiten, Snacks und Kaffee. Die Lammsuppe ist fantastisch. ✎ *Karte F2 • Reykjahlíð, Mývatn-See • 464 4170 • Mai – Aug: tägl. 10 – 24 Uhr •* **kkk**

3 Hótel Gígur
Das Hotelrestaurant mit Blick auf die Pseudokrater am Südufer des Mývatn serviert Fisch und Lamm *(siehe S. 130).* ✎ *Karte F3*

4 Staðarskáli
Das Gasthaus liegt an der Ringstraße auf halbem Weg zwischen Reykjavík und Akureyri. Es lädt zu einer Rast bei Kaffee und Burgern ein. ✎ *Karte C3 • Vegamót, Hrútafjörður • 440 1336 •* **k**

5 Bautinn
Das schlichte, alteingesessene Restaurant serviert leckere Lamm-, Rind- und Fischgerichte vom Grill. ✎ *Karte E2 • Hafnarstræti 92, Akureyri • 462 1818 •* **kkk**

6 Bláa Kannan
Das markante dunkelblaue Wellblechhaus, das Tische im Freien bietet, eignet sich hervorragend, um bei Kaffee und Kuchen Passanten zu beobachten. ✎ *Karte E2 • Hafnarstræti 96, Akureyri • 461 4600 • Sommer: tägl. 8.30 – 23.30 Uhr; Winter: tägl. 9 – 23.30 Uhr •* **kk**

7 Hótel Blönduós
Das Hotelrestaurant serviert traditionelle Speisen wie Dorsch, Hering, Lammsteak und Rhabarber-Streuselkuchen. ✎ *Karte D2 • Aðalgata 6, 540 Blönduós • 452 4205 •* **kkk**

8 Gamli Baukur
Das gemütliche Lokal in den Räumen eines restaurierten hölzernen Speicherhauses mit Blick auf den Hafen bietet exzellente Suppen und Fischgerichte. Die großen Portionen sind preiswert. ✎ *Karte E2 • Hafen von Húsavík • 464 2442 • So – Mi 12 – 20 Uhr, Do 12 – 1 Uhr, Fr & Sa 12 – 3 Uhr •* **kk**

9 Salka
Die Speisekarte des Restaurants ist mit der des nahe gelegenen Gamli Baukur vergleichbar. Allerdings bietet das Salka bei schönem Wetter Tische im Freien. ✎ *Karte E2 • Garðarsbraut 6, Húsavík • 464 2551 •* **kkk**

10 Greifinn
Das Angebot in dem schlichten Pizzarestaurant ist umfangreich. Gäste können Pizza zum Mitnehmen bestellen, aber auch der Gastraum ist einladend. ✎ *Karte E2 • Glerágata 20, Akureyri • 460 1600 • So – Do 11.30 – 21.30 Uhr, Fr & Sa 11.30 – 23 Uhr •* **k**

➡ *Restaurant-Tipps siehe S. 127*

Links **Grassodenhaus in Bakkagerði** Rechts **Fluss Lagarfljót bei Egilsstaðir**

Osten

OSTISLAND IST EINE ABWECHSLUNGSREICHE REGION. *Es umfasst breite Flusstäler, die mächtige Eiskappe Vatnajökull umgebende Plateaus und die Küstenlandschaft der Ostfjorde. Die Hauptorte der Region, das am Ufer des von Wäldern gesäumten Lögurinn-Sees gelegene Egilsstaðir und Höfn, sind Ausgangspunkte für einen Besuch des Nationalparks Vatnajökull. Orte wie Vopnafjörður, Bakkagerði und Seyðisfjörður mit dem internationalen Fährhafen bieten Einblick in das Alltagsleben. Auch die Insel Papey und der entlegene Kárahnjúkar-Staudamm sind sehenswert.*

Papageitaucher auf der Insel Papey

🔟 Attraktionen

1. Egilsstaðir
2. Hallormsstaður
3. Skriðuklaustur
4. Nationalpark Vatnajökull
5. Bakkagerði (Borgafjörður eystri)
6. Seyðisfjörður
7. Mjóifjörður
8. Vopnafjörður
9. Papey
10. Höfn

Mehr über Ostisland www.east.is

1 Egilsstaðir

Egilsstaðir liegt östlich des lang gestreckten Lögurinn-Sees an der Kreuzung der Straße Nr. 1 mit mehreren kleineren Straßen, die in Richtung Küste zu den verstreuten Dörfern der Ostfjorde führen. Der schlichte Ort bietet Unterkünfte, Restaurants und gut sortierte Läden. Im Museum Minjasafn Austurlands sind ein Wikingergrab und rekonstruierte Grassodenhäuser zu sehen. Die 70 Kilometer lange Fahrt um den Lögurinn-See führt durch Schauplätze von Isländersagas und ausgedehnte Wälder an einem der höchsten Wasserfälle Islands vorbei. *Karte G3 • im Sommer Busse ab Akureyri & Reykjavík über Höfn; Flughafen ganzjährig geöffnet • Minjasafn Austurlands: 471 1412, Juni–Aug: Mo–Fr 11.30–19 Uhr, Sa & So 10.30–18 Uhr (Winter auf Anfrage), Eintritt*

Egilsstaðir am Lögurinn-See

2 Hallormsstaður

Islands größtes Waldgebiet südwestlich von Egilsstaðir wird seit den 1990er Jahren zur Holzgewinnung und als Erholungsgebiet genutzt. Durch das Tal führen Wanderwege. Der Baumlehrgarten des Forstamts birgt 40 Baumarten und Islands größte, 22 Meter hohe Lärche. In der Atlavík-Bucht in der Nähe des Sees liegt ein Campingplatz mit duftenden Birken. *Karte G3*

3 Skriðuklaustur

Die Villa des Schriftstellers Gunnar Gunnarsson (1889–1975) am Westufer des Lögurinn-Sees steht nahe der Kirche von Valbjófsstaður, dem Wasserfall Hengifoss und der Straße nach Kárahnjúkar. Gunnarssons Romane über das isländische Landleben, *Af Borgslægtens Historie*, wurden später verfilmt. Heute birgt das Haus das Besucherzentrum des Nationalparks Vatnajökull und eine Galerie mit regelmäßigen Ausstellungen. Das Klausturkaffi bietet gute hausgemachte Kuchen. *Karte G3 • 471 2990 • Juni–Aug: tägl. 10–18 Uhr; Mai & 1.–15. Sep: tägl. 12–17 Uhr; Winter auf Anfrage • www.skriduklaustur.is*

4 Nationalpark Vatnajökull

Die Eiskappe Vatnajökull, deren östliche Ausläufer 100 Kilometer von Egilsstaðir und zehn Kilometer nordwestlich von Höfn liegen, nimmt eine weite Gebiete des größten Nationalparks Europas ein. Die Schotterpiste nach Kárahnjúkur westlich von Egilsstaðir und Wanderwege durch das Schutzgebiet Lónsöræfi *(siehe S. 102)* bieten Zugang. In Höfn werden Schneemobilfahrten auf die Eiskappe und mehrere Gletscherzungen angeboten *(siehe S. 18f)*.

Blick auf die Eiskappe Vatnajökull

Regiones – Osten

Vogelwelt von Héraðsflói

Die von sumpfigen Wiesen umgebene Bucht mit schwarzem Sand durchziehen zahllose Rinnsale des Flusses Jökulsá á Brú. Sie eignet sich perfekt zur Vogelbeobachtung. Es gibt viele Entenarten, darunter Eisenten, sowie Schnepfen und Sterntaucher zu sehen. Auch Baumfalken, die kleinsten Raubvögel Islands, leben in der Héraðsflói-Bucht.

Kirche an der Hauptstraße von Seyðisfjörður

5 Bakkagerði (Borgafjörður eystri)

Allein die Anfahrt zu dem schönsten Ort in den Ostfjorden ist reizvoll. Sie führt durch die grünen Ebenen und die steilen Berge des Héraðsflói-Deltas, die das Dorf umschließen. Der Ort wird von dem schroffen Berg Dyrfjöll überragt. Der Sage nach ist der Hügel Álfaborg nahe der Kirche Heimat der Elfenkönigin Islands. Oberhalb des Fischerhafens nistet eine große Papageitaucherkolonie. Ausgedehnte Wanderwege führen nach Seyðisfjörður im Süden. ◉ Karte H2

6 Seyðisfjörður

Am Hafen des in beeindruckender Fjordlandschaft gelegenen Orts stehen Holzhäuser aus dem 19. Jahrhundert. Die meisten dieser in Pastelltönen gestrichenen Bauten wurden aus Nor-

wegen importiert. Die Kirche und zwei Hotels sind besonders schön. Der Ort war Hafen für Heringsfischerei, im Zweiten Weltkrieg diente er als Marinebasis. Er ist heute durch die Fähre *Norröna* mit Norwegen verbunden, die im Sommer wöchentlich über die Färöer und Dänemark nach Seyðisfjörður fährt. ◉ Karte G3

7 Mjóifjörður

Der »Enge Fjord«, ein langer, schmaler Meeresarm, lohnt die Anfahrt über die holprige Straße Nr. 953 zum Dorf Brekka und zum Leuchtturm in Dalatangi. Auf der zwischen Ufer und schroffen Bergen verlaufenden Route sind Wasserfälle und gelegentlich Polarfüchse zu sehen, die in dieser entlegenen Gegend weniger scheu sind. ◉ Karte H3

8 Vopnafjörður

Die kleine Stadt Vopnafjörður lädt zu einem Abstecher auf der

Das vor dem Berg Dyrfjöll gelegene Dorf Bakkagerði

Elfen, Naturgeister der nordischen Mythologie, spielen in der Snorra-Edda eine bedeutende Rolle.

langen Küstenfahrt entlang der Straße Nr. 85 von Húsavík nach Egilsstaðir ein. Ein Museum beschäftigt sich mit den Folgen, die der katastrophale Vulkanausbruch von 1875 in der Askja-Caldera *(siehe S. 39)* für die Gemeinde hatte. Das Thermalfreibad von Selárdalur und die schönen alten Grassodenhäuser von Bustarfell *(siehe S. 102)* liegen in der Nähe. ⊛ *Karte G2*

9 Papey
Die Fahrt mit der Fähre nach Papey führt an Felsbänken voller Robben vorbei. Unzählige Seevögel weichen flatternd den Schiffen aus. Die kleine grüne Insel wurde vermutlich vor der Ankunft der Wikinger von Mönchen bewohnt *(siehe S. 53)*. ⊛ *Karte H4*

Boote im Hafen von Höfn

10 Höfn
In den 1860er Jahren stand an dem Ort nur ein Speicher. Später wuchs Höfn zu einem kleinen Hafen an. Höfn ist gute Basis für Fahrten zum Nationalpark Vatnajökull: Eine Ausstellung informiert über die Region. Es werden Schneemobil- und Jeeptouren zur Eiskappe angeboten, Wanderer lockt der Naturpark Lónsöræfi. Vom Ufer eröffnet sich ein schöner Blick auf den Vatnajökull, die Seeschwalbenkolonie sollte man meiden. ⊛ *Karte G5 • ganzjährig Busse nach Reykjavík, im Sommer Busse nach Egilsstaðir, Flughafen ganzjährig geöffnet*

Ein Tag in Ostisland

Vormittag

Steigen Sie vor der 70 Kilometer langen Fahrt um den Lögurinn-See und das Lagarfljót-Tal in **Egilsstaðir** den Hügel bei der Menntaskólinn-Schule hinauf. An klaren Tagen reicht der Blick in südwestlicher Richtung bis zum **Snæfellsjökull** *(siehe S. 38)*, dem höchsten Berg Islands. Fahren Sie Richtung Süden und biegen Sie von der Ringstraße auf die Straße Nr. 931 ab, die durch Wiesen voller Schafe und Islandpferde führt. Bei **Hallormsstaður** liegen dichte Wälder, in denen Sie wandern oder den Baumlehrgarten des Forstamts besuchen können. Atlavík bietet schönen Seeblick. Nach Verlassen des Waldgebiets hinter Atlavík führt die Hauptstraße zum Westufer des Lögurinn-Sees. Dort halten Sie sich links und fahren die kurze Strecke nach Skriðuklaustur.

Nachmittag

Nach einer Rast im **Klausturkaffi** *(siehe S. 103)* in Skriðuklaustur und einem Besuch der Ausstellung über den Nationalpark fahren Sie gen Süden nach **Valþjófsstaður** *(siehe S. 102)*. Die Kirche besitzt rekonstruierte Holztüren der Wikingerzeit. Fahren Sie bis hinter Skriðuklaustur zurück, wo die 60 Kilometer lange Straße Nr. 910 zu den Hochmooren um den Snæfellsjökull und dem **Kárahnjúkar-Staudamm** *(siehe S. 102)* beginnt. Die Rundfahrt dauert drei Stunden. Alternativ bietet sich die einstündige Wanderung zum **Hengifoss** *(siehe S. 102)* an. Fahren Sie auf dem Rückweg nach Egilsstaðir am Westufer entlang.

Links **Hengifoss** Rechts **Gänseschar auf einem Feld, Eyjabakkar**

TOP 10 Dies & Das

1 Hengifoss
Der dritthöchste Wasserfall Islands (118 m) stürzt von einer rot-schwarz geschichteten Felswand herab. Beim Aufstieg sieht man die schönen Basaltsäulen am Litlifoss. ☜ *Karte G3*

2 Steinasafn Petru
Die umfassende private geologische Sammlung zeigt Steine, Kristalle und Mineralien aus aller Welt. Die Besitzerin spricht nur Isländisch. ☜ *Karte H4 • Sunnuhlíð, Stöðvarfjörður, Ostfjorde • 475 8834, 475 8839 • Mai–Sep: tägl. 9–18 Uhr • Eintritt*

3 Hvítserkur
Der spektakuläre, orange, rosa und grau gefärbte Rhyolitberg liegt an einem Wanderweg, zehn Kilometer von Bakkagerði entfernt. Nach Regenfällen treten die Farben kräftig hervor. Der Weg ist leicht zu bewältigen, das Wetter oft launisch. ☜ *Karte H3*

4 Snæfell
Der isolierte, eisbedeckte Granitkern eines alten Vulkans im Nordosten des Nationalparks Vatnajökull ist nur mit Jeep erreichbar. An der Basis liegen Wanderhütten. ☜ *Karte F4 • www. vatnajokulsthjodgardur.is*

5 Kárahnjúkar-Staudamm
Der Bau des Damms in der Schlucht Dimmugljúfur zur Stromgewinnung für eine Schmelzhütte war umstritten. Die Asphaltstraße führt durch eine Hochlandtundra voller Rentiere. ☜ *Karte F4*

6 Lónsöræfi
Die an Schluchten reiche Hochmoor- und Gletscherlandschaft ist wild und unbewohnt. Der unmarkierte Wanderweg von Stafafell zum Snæfell nimmt fünf Tage in Anspruch. ☜ *Karte G4 • www.vatnajokulsthjodgardur.is*

7 Eyjabakkar
Im Hochmoor auf dem Weg zu Kárahnjúkar-Staudamm und Snæfell leben Graugänse, Singschwäne und Rentiere. ☜ *Karte G4*

8 Valþjófsstaður
Die Kirche des Gehöfts besitzt Repliken von geschnitzten Holztüren der Wikingerzeit. Die Originale zeigt das Þjóðminjasafn Íslands in Reykjavík. ☜ *Karte G3 • Mai–Mitte Sep: tägl. 10–17 Uhr*

9 Djúpivogur
Mit wunderschönen Fjorden und reicher Tierwelt ist das Gebiet ein Naturparadies. ☜ *Karte G4 • www.djupivogur.is*

10 Bustarfell
Der seit 1532 von derselben Familie bewohnte Grassodenhof bietet ein Café. ☜ *Karte G2 • 471 2211 • 10. Juni–10. Sep: tägl. 10–17 Uhr • Eintritt*

➜ *Weitere Wasserfälle in Island* **siehe S. 32f**

Café Nielsen, Egilsstaðir

TOP 10 Restaurants

1 Fjallakaffi
Das Café in dem höchstge-legenen Gehöft Islands ist über die südlich des Mývatn von der Straße Nr. 1 abzweigende Straße Nr. 901 zu erreichen. Das Gehöft bietet auch Unterkünfte. 🗺 *Karte F3 • Möðrudal á Fjöllum • 471 1858, 894 8181 • Sommer: tägl. 14–17 Uhr • kk*

2 Hótel Hérað
Das Restaurant bietet neben Rentiersteaks Lamm- und Fisch-gerichte *(siehe S. 130)*. 🗺 *kkkk*

3 Café Nielsen
Das Bar-Restaurant in einem alten Holzhaus besitzt eine Ter-rasse. Das Lunchbüfett, die Sup-pen und die Salate sind preis-wert. Fisch und Lamm vom Grill schmecken köstlich. 🗺 *Karte G3 • Tjarnarbraut 1, Egilsstaðir • 471 2626 • Sommer: Mo–Do 11.30–23.30 Uhr, Fr & Sa 13–2 Uhr; Winter: Mo–Do 11.30–22 Uhr, Fr & Sa 13–1 Uhr • kkkk*

4 Hótel Hallormsstaður
In einladendem Ambiente werden mittags *Prix-fixe*-Menüs, abends Büfetts mit kaltem geräu-cherten Lamm, Brot und Suppe serviert. Der Service ist freund-lich *(siehe S. 132)*. 🗺 *kk*

5 Klausturkaffi
Hausgemachte Suppe mit Wildpilzen, Rentiergerichte und Gans sind Spezialitäten des Ca-fés. Die Speisekarte wechselt regelmäßig. Kaffee und Kuchen sind hervorragend. 🗺 *Karte G3 • Skriðuklaustur • 471 2992 • kkk*

6 Hótel Tangi
Das Hotelrestaurant ist das beliebteste Speiselokal in Vop-nafjörður. Die Pizzas, die Burger und der Fisch vom Grill sind ex-zellent. 🗺 *Karte G2 • Hafnarbyggð 17, Vopnafjörður • 473 1840 • kkk*

7 Hótel Aldan
Das Hotelrestaurant in dem reizenden Holzhaus empfiehlt sich für ein leckeres Frühstück oder ein elegantes Drei-Gänge-Menü am Abend. Die Fischge-richte sind grandios *(siehe S. 132)*. 🗺 *kkkk*

8 Hótel Framtíð
Vor Ausflügen zu der Insel Papey bietet das Restaurant am Hafen von Djúpivogur mit herz-haften Pasteten, Fisch- und Lammgerichten Stärkung *(siehe S. 130)*. 🗺 *kkk*

9 Álfacafé
Das Lokal in einer ehemali-gen Fischfabrik am alten Hafen in Bakkagerði besitzt schwere Holz-tische und Geschirr aus Steingut. Es gibt nur kleine Mahlzeiten, die Sandwiches sind gut. 🗺 *Karte H2 • Bakkagerði • 862 9802, 472 9900 • tägl. 11–20 Uhr • kk*

10 Kaffi Hornið
In dem an der Hauptstraße von Höfn gelegenen Holzhaus werden Suppen, Pizza, Pasta- und Grillgerichte serviert. Es gibt auch Kaffee und Kuchen. 🗺 *Karte G5 • Hafnarbraut 42, Höfn • 478 2600 • kkk*

➡ *Restaurant-Tipps* **siehe S. 127**

Links **Basaltfelsen bei Vík** Rechts **Blaue Lagune**

Süden

SÜDISLAND IST REICH *an Geschichte und Folklore. Die Region umfasst Küstengebiete, Eiskappen, fruchtbare Flussebenen und aktive Vulkane. Die Blaue Lagune sowie der Nationalpark Þingvellir, das Hochtemperaturgebiet Haukadalur und der Gullfoss, die zusammen den »Golden Circle« bilden, sind die größten Attraktionen Islands. Der Vulkan Hekla, die unzähligen Saga-Schauplätze, einige Wasserfälle, die heißen Quellen von Landmannalaugar, Þórsmörk, die Vestmannaeyjar und das friedliche Dorf Vík sind von Reykjavík aus leicht zu erreichen. Um in das östlich von Vík gelegene Kirkjubæjarklaustur, zu dem Gletschersee Jökulsárlón und den Zugängen zum Nationalpark Vatnajökull Skaftafell und Höfn zu gelangen, ist etwas mehr Zeit erforderlich.*

TOP10 Attraktionen

1. Nationalpark Þingvellir
2. Hochtemperaturgebiet Haukadalur
3. Gullfoss
4. Blaue Lagune
5. Þjórsárdalur
6. Vestmannaeyjar
7. Markarfljót-Tal
8. Vík
9. Kirkjubæjarklaustur
10. Jökulsárlón

Blick auf das Dorf Vík

Vorhergehende Doppelseite
Wandern im Landmannalaugar-Gebiet

1 Nationalpark Þingvellir

Der Nationalpark ist UNESCO-Welterbestätte. In dem Tal tagte zur Zeit der Wikinger Islands Parlament. Das Besucherzentrum an der Straße Nr. 36 bietet Blick auf die Felsformationen und Lavafelder.

Blick auf den Gullfoss von der mittleren Aussichtsplattform

Zu den Attraktionen zählen der Lögberg (Gesetzesfelsen), die Kirche von Þingvellir, die Almannagjá-Schlucht, der Öxarárfoss, der See Þingvallavatn und der Schildvulkan Skjaldbreiður (siehe S. 8f).

2 Hochtemperaturgebiet Haukadalur

Die Urgewalt der direkt neben der Hauptstraße liegenden Geysire ist äußerst beeindruckend. In dem nur 90 Minuten von Reykjavík entfernten Gebiet gibt es ein Hotel, eine Tankstelle und ein Fremdenverkehrsamt. Der Strokkur ist der aktivste Geysir, der Große Geysir der bekannteste. Das Areal ist von einer Reihe kleinerer heißer Quellen umgeben (siehe S. 12f).

3 Gullfoss

Der beeindruckendste Wasserfall Islands bildet den letzten Halt auf dem »Golden Circle«. Die Wassermassen donnern – die Wintermonate ausgenommen – tosend herab. Der Gullfoss ist

Thermalquelle Blesi, Haukadalur

aus jedem Blickwinkel interessant. Vom Rand der Schlucht sieht man den Lauf des Flusses Hvítá vom kahlen Landesinneren nach Norden (siehe S. 14f).

4 Blaue Lagune

Das leuchtend blaue Wasser des Thermalfreibads setzt in den kargen Lavafeldern der Halbinsel Reykjanes im äußersten Südwesten Islands einen überraschenden Akzent. Das Becken wird durch Wasser aus einem Geothermiekraftwerk gespeist. Der weiße Schlick soll gesundheitsfördernd sein (siehe S. 10f).

5 Þjórsárdalur

Das breite Flusstal wurde 1102 durch einen Ausbruch des unmittelbar östlich gelegenen Vulkans Hekla in eine öde Sandwüste verwandelt. Die Eruption zerstörte ein Wikinger-Langhaus in der Nähe von Stöng. Die freigelegten Relikte sind über eine Schotterpiste zugänglich. In Þjóðveldisbærinn ist eine vollständige Rekonstruktion des Hauses zu sehen. Das an einer parallel verlaufenden Route gelegene Thermalfreibad Þjórsárdalslaug ist aufgrund von Ascheregen zurzeit geschlossen. ⊗ Karte D5 • beide Zufahrtswege nach Stöng zuweilen geschl. • Þjóðveldisbærinn: Jun–Aug: tägl. 10–17 Uhr; www.thjodveldisbaer.is • Þjórsárdalslaug: Eintritt; www. swimminginiceland.com

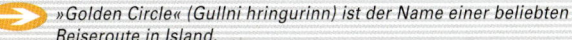

»Golden Circle« (Gullni hringurinn) ist der Name einer beliebten Reiseroute in Island.

Wanderer im Nationalpark Skaftafell

Vestmannaeyjar

6 Die Gruppe der »Westmänner-Inseln« vor der Südküste ist vulkanischen Ursprungs. Sie beinhaltet die jüngste Insel der Welt, Surtsey *(siehe S. 53)*. Die größte Insel Heimaey ist als einzige bewohnt. Ein Ausbruch des Vulkans Eldfell 1973 zerstörte Teile des Hauptorts Heimaey, die Fischindustrie kam fast zum Erliegen. Besucher können den noch immer dampfenden Eldfell erklimmen, die nordische Stabkirche und das Þjóðhátíð-Festival *(siehe S. 55)* besuchen und Papageitaucher sehen. Ⓐ *Karte C6 • tägl. Fähre ab Þorlakshöfn, Flüge ab Reykjavík & Bakki*

Markarfljót-Tal

7 Eine Fahrt in das reizende Tal führt zunächst über die Ringstraße nach Hvolsvöllur. Das Sagen-Museum Sögusetrið in dem Ort ist sehenswert. Anschließend folgt man der 30 Kilometer langen Straße Nr. 261 ostwärts. In dem Gebiet liegen Schauplätze der *Brennu-Njáls saga* wie das Gehöft Völlur, der Ausgangspunkt der Erzählung, und die Heimat von Gunnar Hámundarson Hlíðarendi. Die Kirche am Hang von Hlíðarendi bietet Blick über das von dem Berg Stóri-Dímon überragte Tal zum Meer. Ⓐ *Karte D5 • Sögusetrið: Juni–Mitte Sep: tägl. 9–18 Uhr; Eintritt; www.njala.is*

Vík

8 Der friedliche Küstenort mit ca. 300 Einwohnern am Fuß des Bergs Reynisfjall besitzt einen schönen schwarzen Sandstrand. Der Blick nach Westen reicht über die Schotterebene Mýrdalssandur und Vogelkolonien zu den als »Trollfelsen« bekannten, vor der Küste gelegenen schwarzen Gesteinsformationen. Der Ort Skógar mit dem Wasserfall Skógafoss *(siehe S. 33)* liegt in der Nähe. Der Reynisfjall und die Halbinsel Dyrhólaey *(siehe S. 34)* im Südwesten bieten schöne Küstenlandschaft. In der Nähe von Vík verlaufen einige Wanderwege. Ⓐ *Karte D6*

Schwarzer Strand auf der Westseite der Halbinsel Dyrhólaey

➜ *Die Vestmannaeyjar bestehen aus 14 Inseln, 30 Schären und 30 Felsen.*

Kirkjubæjarklaustur

9 Der kleine Ort an der Ringstraße liegt äußerst abgeschieden. Er ist von Pseudokratern umgeben. Die wie Pflastersteine wirkenden sechseckigen Lavasäulen Kirkjugólf (»Kirchenpflaster«) sind bemerkenswert. Im Sommer bietet der Ort Zugang zum Lakagígar *(siehe S. 38f)*. Der Name des Orts (wörtlich »Kirche-Gehöft-Kloster«) erinnert an dessen Ursprung im Jahr 1186 als Kloster. Der Nationalpark Skaftafell *(siehe S. 19)* liegt in östlicher Richtung jenseits der Schotterebene Skeiðarársandur nicht allzu weit von Kirkjubæjarklaustur entfernt. ✎ *Karte E5*

Jökulsárlón

10 Der Gletschersee mit Eisbergen und tosenden Gewässern befindet sich an der langen Route zwischen Vík und Höfn. Der Strand ist mit bizarren Eisbrocken übersät. Der Jökulsárlón durchbricht die Monotonie der sich an der Küste erstreckenden weiten schwarzen Kiesflächen. An dem Gletschersee sind Robben und viele Vögel, gelegentlich auch Orcas zu beobachten. Im Sommer werden halbstündige Schiffsfahrten auf dem See angeboten *(siehe S. 26f)*. ✎ *Karte G5*

Eisberge im Jökulsárlón

Ein Tag im Süden Islands

Vormittag

Der klassische »Golden Circle« beginnt von Reykjavík aus in nordöstlicher Richtung auf der Straße Nr. 36. Er passiert das kastenförmige, zweistöckige Haus des Dichters und Nobelpreisträgers Halldór Laxness. Hinter dem See Þingvallavatn gelangt man an die Westseite des Nationalparks **Þingvellir**. Dort können Sie eine Stunde – oder den ganzen Tag lang – die Ereignisse und Landschaften von Islands kulturellem Herzen auf sich wirken lassen. Vom Tal aus führt die Straße Nr. 365 nach **Laugarvatn** *(siehe S. 51)*. Die Anlage der Nationalen Sportschule lädt zu einem Bad ein, bevor Sie über die Straßen Nr. 37 und 35 das **Hochtemperaturgebiet Haukadalur** und den **Gullfoss** ansteuern.

Nachmittag

Kehren Sie zu Mittag im **Hótel Geysir** *(siehe S. 111)* zu einem Drei-Gänge-Menü oder im Café des Besucherzentrums am Gullfoss zu köstlicher Lammsuppe ein. Dann geht es auf der Straße Nr. 35 Richtung Südwesten nach Skálholt, seit dem Jahr 1056 Bistum und kulturelles Zentrum, vorbei an dem Kratersee **Kerið** *(siehe S. 110)* nach Selfoss. Die Brücke in der Handelsstadt am Fluss Ölfusá löste den ersten Streik in Island aus. Die Ringstraße führt über die für die Gewächshäuser berühmte Stadt **Hveragerði** *(siehe S. 110)* direkt zurück nach Reykjavík. Alternativ kann man auf einem kleinen Umweg Richtung Küste die Dörfer **Stokkseyri** und **Eyrarbakki** *(siehe S. 110)* besichtigen.

Links **Museum Skógasafn** Rechts **Brücke zwischen zwei Kontinenten bei Hafnir**

TOP10 Dies & Das

1 Mýrdalsjökull
Der Gletscher an der Südküste bedeckt den Vulkan Katla. Von der Ringstraße aus erreicht man die tiefste Gletscherzunge Sólheimajökull, auf der man klettern sowie Schneemobil und Hundeschlitten fahren kann. ⊗ Karte D6
• www.mountainguides.is, www.arcanum.is, www.dogsledding.is

2 Kerið
Im Sonnenlicht bildet das blaue Wasser des tiefen kleinen Kratersees nördlich von Selfoss einen hübschen Kontrast zu den rotschwarzen Hängen. ⊗ Karte C5

3 Skógar
Das Dorf am Fuß des Skógafoss (siehe S. 33) bietet ein Hotel, eine Jugendherberge, einen Zeltplatz, das Skógasafn (siehe S. 62) und einen Wanderweg nach Þórsmörk (siehe S. 57).

4 Hveragerði
Die Stadt nutzt in Gewächshäusern geothermische Wärme zum Anbau von Blumen und Gemüse. Es gibt eine Gartenbauschule, Wanderwege und ein Schwimmbad. ⊗ Karte C5

5 Leirubakki
Das Gehöft mit Hotel liegt an der Straße nach Landmannalaugar (siehe S. 24f). Es bietet ein Museum und heiße Badebecken im Lavagestein mit Bergblick.
⊗ Karte D5 • Straße Nr. 26 • 487 8700
• im Sommer Busse zwischen Reykjavík & Landmannalaugar • www.leirubakki.is

6 Brücke bei Hafnir
Die Eurasische und die Nordamerikanische Platte driften in Þingvellir sichtbar auseinander. Bei Hafnir verbindet eine Brücke die beiden Kontinente. ⊗ Karte C5

7 Þekkingarsetur Suðurnesja
Das Museum zeigt mikroskopisch kleine Meerestiere und ein ausgestopftes Walross. ⊗ Karte B5
• Garðvegur 1, 245 Sandgerði • 423 7551
• Eintritt • www.thekkingarsetur.is

8 Sögusetrið, Hvolsvöllur
Das Museum lässt die Wikingerzeit lebendig werden.
⊗ Karte C6 • Hlíðarvegur 14, Hvolsvöllur
• 487 8781 • Juni–Mitte Sep: tägl. 9–18 Uhr • Eintritt • www.njala.is

9 Þórbergssetur
Das Haus des Schriftstellers Þórbergur Þórðarson (1888–1974) wird als Museum und Hotel genutzt. ⊗ Karte G5 • Hali, 781 Hornafjörður • 478 1078 • Eintritt • www.thorbergssetur.is

10 Stokkseyri & Eyrarbakki
Die Küstendörfer bieten alte Holzhäuser, exquisite Fischrestaurants und das Museum Húsið. ⊗ Karte C5 • Húsið: www.husid.com

Mehr über Museen in Island **siehe S. 62f**

Hótel Rangá nahe Selfoss

TOP 10 Restaurants

1 Hótel Rangá
Das Restaurant in einem Landhotel *(siehe S. 130)* mit Blick auf den schönsten Lachsfluss des Landes serviert nordisch-europäische Küche. Das Wildbret mit Wildpilzen und Beeren ist empfehlenswert. ⊗ *kkkkk*

2 Menam
Das Thai-Restaurant bietet Klassiker von Kaeng Khiao Wan bis zu scharfer Garnelensuppe. Die Gerichte sind glutenfrei. ⊗ *Karte C5 • Eyravegur 8, Selfoss • 482 4099 • kk*

3 Hótel Geysir
Frühstück und Mittagsbüfett sind opulent. Das Restaurant mit Blick auf das Hochtemperaturgebiet ist das beste Speiselokal der Gegend. ⊗ *Karte C5 • Haukadalur • 480 6800 • kkkk*

4 Hótel Selfoss
Trotz der minimalistisch-nordischen Einrichtung ist das exklusive Restaurant behaglich. Die Karte bietet klassische isländische Fisch- und Fleischgerichte. Das Restaurant eignet sich gut für Geschäftsessen. ⊗ *Karte C5 • Eyravegur 2, Selfoss • 480 2500 • kkkkk*

5 Gullfoss Kaffi
Das Café bietet großartige Aussicht auf die Umgebung, wenn auch nicht auf den Gullfoss selbst. In den Räumen kann man bei einem Teller Lammsuppe entspannen. ⊗ *Karte D4 • Gullfoss • 486 6500 • k*

6 Hótel Flúðir
Das am Rand eines Bauerndorfs abseits stehende moderne Haus bietet fantastische Aussicht. Die Küche serviert Gerichte mit Fleisch und Gemüse aus regionalem Anbau. ⊗ *Karte C5 • Vesturbrún 1, Flúðir • 486 6630 • kkkk*

7 Rauða Húsið
Das Restaurant in einem historischen Holzhaus lohnt den Abstecher nach Eyrarbakki. Die köstlichen Hummer-, Lamm- und Fischgerichte sind wesentlich preiswerter als in Restaurants in Reykjavík. ⊗ *Karte C5 • Búðarstíg 4, Eyrarbakki • 483 3330 • kkkk*

8 Hafið Bláa
Das an der Mündung des Flusses Ölfusá gelegene Restaurant ist exzellent. Gäste genießen in entspannter Atmosphäre hervorragenden Hummer vom Grill. ⊗ *Karte C5 • Þorlákshöfn nahe Óseyrar-Brücke, Eyrarbakki • 483 1000 • kkkk*

9 Kaffi Duus
In dem eleganten Lokal nahe dem Flughafen Keflavík kann man vor dem Rückflug noch einmal Lachs, Lamm oder Hummer genießen. ⊗ *Karte B5 • Duusgata 10, Keflavík • 421 7080 • kkk*

10 Hlíðarendi
In dem schlichten Café in der Haupttankstelle in Hvolsvöllur kann man nach Wanderungen im Þórsmörk-Gebiet zu Pizza und Kaffee einkehren. ⊗ *Karte C6 • Austurvegur 3, Hvolsvöllur • 487 8197 • k*

Preiswerte Restaurants in Reykjavík **siehe S. 42f**

Links **Badebecken in Hveravellir** Rechts **Campingplatz in Landmannalaugar**

Hochland

NÖRDLICH DER RELATIV FRUCHTBAREN KÜSTE *Islands erstrecken sich im Landesinneren Schotterebenen, Lavafelder und Gletscher. In der Region herrschen heftige Sommerstürme und strenger Frost. Das Hochland wurde nie besiedelt. Die vielen Lasttierpfade, die die Region durchziehen, wurden von der Zeit der Wikinger bis zur Fertigstellung der rund um Island führenden Straße Nr. 1 in den 1970er Jahren genutzt. Die im Sommer geöffneten, nur mit Jeep befahrbaren Hochlandpassagen Kjalvegur (vom Gullfoss nach Akureyri) und Fjallabak (von Hella nach Kirkjubæjarklaustur) sind die zugänglichsten Pisten durch das Hochland. Sie werden auch von Überlandbussen befahren.*

Attraktionen

1. Kjalvegur
2. Hveravellir
3. Hekla
4. Landmannalaugar
5. Veiðivötn & Langisjór
6. Þórsmörk
7. Lakagígar
8. Langjökull
9. Aldeyjarfoss
10. Herðubreið

Blick von Kjalvegur auf den Langjökull

Aktuelle Informationen über die Befahrbarkeit der Straßen in Island **www.vegagerdin.is**

1 Kjalvegur

Die 170 Kilometer lange Piste ist die am leichtesten zu bewältigende Hochlandpassage. Sie führt vom Gullfoss *(siehe S. 14f)* zur Straße Nr. 1 bei Blönduós *(siehe S. 93)*. Über alle großen Flüsse führen Brücken, die Schotterpiste ist in gutem Zustand. Am Weg liegen die heißen Quellen von Hveravellir und der Gletscher Langjökull. ◈ *Karte D3 • Mitte Juni–Ende Aug • Busse: www.bsi.is*

2 Hveravellir

Das Geothermalgebiet befindet sich auf halber Strecke der Hochlandpassage Kjalvegur. Es bietet ein Thermalfreibad, kalkbedeckte Hügel, aus denen kochendes Wasser sprudelt, und eine Hütte des Isländischen Wandervereins (www.fi.is) mit Stockbetten. In dem Gebiet herrscht starker Schwefelgeruch. Der Dieb Fjalla-Eyvindur soll im 18. Jahrhundert mehrere Winter in Hveravellir verbracht haben. ◈ *Karte D4*

3 Hekla

Der Name (»verhüllt«) des östlich des Flusses Þjórsá gelegenen Vulkans geht auf den wolkenverhangenen Gipfel zurück.

Wanderer auf dem Laugavegur

Fluss Þjórsá westlich des Vulkans Hekla

Da Eruptionen monatelanges »Grollen« folgte, das man für Laute gequälter Seelen hielt, galt er einst als Eingang zur Hölle. Der Hekla ist an klaren Tagen von Hella an der Straße Nr. 1 zu sehen, der Weg nach Landmannalaugar bietet eine Nahansicht. Im Sommer werden Jeeptouren zum Hekla angeboten. ◈ *Karte D5*

4 Landmannalaugar

Das drei bis vier Stunden von Reykjavík entfernte Gebiet bietet einen guten Eindruck vom Hochland. Die Erkundung des vulkanischen Ödlands, der heißen Quellen, Kraterseen, Berge und Flüsse füllt einen Tag. Mit Übernachtungen in Schlafbaracken und auf dem Campingplatz kann man die Viertagestour auf dem Laugavegur nach Þórsmörk unternehmen *(siehe S. 24f)*.

5 Veiðivötn & Langisjór

Die Kraterseen von Veiðivötn und der See Langisjór zählen zu einem Komplex von Binnengewässern an einem vulkanischen Spaltenschwarm südwestlich des Vatnajökull am Fjallabak-Hochlandpass (F208). In der kargen Landschaft liegen einige gute Angelgebiete. Veiðivötn und Langisjór werden nicht von öffentlichen Verkehrsmitteln angefahren. Sie sind nur über unwegsame Pfade zu erreichen. ◈ *Karte E5*

Bustouren auf der auch als Kjölur bekannten Hochlandpassage Kjalvegur **www.sternatravel.com**

Autofahren im Hochland

Die Straßen im Hochland sind holprig, es gibt keine Ortschaften, bei Pannen ist keine Hilfe vor Ort. Für Touren eignen sich nur Fahrzeuge mit Allradantrieb. Erkundigen Sie sich vor der Abfahrt nach den Straßenverhältnissen und fahren Sie im Konvoi. Informieren Sie Personen über Ihre Route und die geschätzte Ankunftszeit, damit notfalls Hilfe organisiert werden kann.

Felsen über dem Gullfoss

6 Þórsmörk

Das beliebteste Wandergebiet Islands ist ab der Ringstraße bei Hvolsvöllur über die 30 Kilometer lange Piste F249 zu erreichen. Die Flussdurchfahrt am Ende der Strecke birgt zuweilen Risiken. Zu Fuß gelangt man über den Laugavegur oder von Skógar über den Fimmvörðuháls *(siehe S. 56)* nach Þórsmörk. Der Bergrücken in einem wunderschönen Gletschertal bietet vor allem vom Valahnúkur (kurzer, leichter Aufstieg) und vom Utigönguhöfði (langer, anspruchsvoller Aufstieg) fantastische Aussicht. Es gibt viele Hütten für Selbstversorger und Campingplätze. Im Sommer verkehren täglich Busse *(siehe S. 57)*.

7 Lakagígar

Der Ausbruch in der 25 Kilometer langen Kraterreihe 1783 hatte fatale Auswirkungen auf das globale Klima und dezimierte die Bevölkerung Islands. Die Vul-

kanreihe und die nun teilweise mit Moos und Heidekraut bedeckten Lavafelder sind auf 20-minütigen bis zweistündigen Wanderungen zu erkunden. Es gibt keine Unterkünfte vor Ort, entlang der Straße liegen aber Berghütten und Campingplätze. Im Sommer fahren Busse vom Nationalpark Skaftafell über Kirkjubæjarklaustur und die 60 Kilometer lange Piste F206 zum Lakagígar *(siehe S. 19).* ◈ Karte E5 • *Juni–4. Sep tägl. Busse (www.bsi.is)*

8 Langjökull

Der westlich von Kjalvegur gelegene zweitgrößte Gletscher Islands (»Langer Gletscher«) speist die Seen Hvítárvatn und Sandvatn. Deren Wasser nimmt der Fluss Hvítá auf, an dem der gewaltige Wasserfall Gullfoss *(siehe S. 14f)* liegt. Der Bau eines Kraftwerks an dem See Hagavatn ist im Gespräch. Der Gletscher ist von Kjalvegur und Kaldidalur aus zu sehen. Die in dem Gebiet angebotenen einstündigen Motorschlittenfahrten sind ein tolles Erlebnis. ◈ Karte D4 • *ganzjährig Jeeptouren ab Reykjavík; www.adventures.is, www.glacierjeeps.is*

9 Aldeyjarfoss

Der faszinierende Wasserfall des Flusses Skjálfandafljót liegt am Nordende der anspruchsvollen Sprengi-

Blick auf den Eyjafjallajökull vom Valahnúkur

 Þórsmörk ist nach dem nordischen Wettergott Thor benannt (»Wald des Thor«).

sandur-Hochlandpassage. Er ist aber auch über eine gut befahrbare Schotterpiste erreichbar, die von dem Wasserfall Goðafoss *(siehe S. 33)* 30 Kilometer nach Süden führt. Im Sommer ist die Strecke bei vorsichtiger Fahrweise meist gut zu bewältigen. Die den Aldeyjarfoss umgebenden Felsformationen sind äußerst beeindruckend: Die bizarr geformten Basaltsäulen sind von einer dicken Schicht erstarrter Lava überzogen. Die Busse, die die Sprengisandur-Hochlandpassage zwischen Reykjavík und Akureyri befahren, machen am Aldeyjarfoss halt. ◉ *Karte E3*

• *Busse: www.re.is*

Basaltsäulen am Aldeyjarfoss

10 Herðubreið

Der aus Palagonit bestehende, 1682 Meter hohe Vulkan Herðubreið (»Königin der Berge«) überragt das Ódáðahraun (»Missetäterlavafeld«) nordöstlich der Askja-Caldera. Im Juli benetzen Süßwasserquellen die Hänge, Arktische Weidenröschen blühen. An klaren Tagen ist der Vulkan von der Straße zum Kárahnjúkar-Staudamm *(siehe S. 102)* aus zu sehen. Wanderer sichten ihn bei einem Halt auf der F88 zwischen Mývatn *(siehe S. 16f)* und Askja-Caldera. ◉ *Karte F3*

Ein Tag im Hochland

Vormittag

🕐 Brechen Sie zu dieser Tagestour nach **Landmannalaugar** frühzeitig auf und nehmen Sie Proviant mit. Die Tour wird mehr als acht Stunden dauern, je nachdem, wie oft Sie halten. Folgen Sie der Straße Nr. 1 von Reykjavík über Selfoss und Hella, nehmen Sie dann die Straße Nr. 264 in nördlicher Richtung zu den Wikingerhäusern des Gehöfts **Keldur**. Die Lage des Gehöfts ist beeindruckend: Der aktive Vulkan **Hekla** ist nicht allzu weit entfernt. Fahren Sie zurück Richtung Hella und folgen Sie der Straße Nr. 268 eine halbe Stunde lang zum Hekla. An der Kreuzung mit der Straße Nr. 26 geht es links zu dem Gehöft **Leirubakki** *(siehe S. 110)*, rechts nach Landmannalaugar. Nach dem Rechtsabbiegen verläuft die Route durch die Bimssteinebene zwischen Hekla und dem Fluss Þjórsá, die abzweigende Piste F225 führt in Richtung Osten nach Landmannalaugar. Genießen Sie dort ein Picknick.

Nachmittag

Die F225 führt durch die schwarze Sandwüste der nördlichen Ausläufer des Hekla mit mehreren Flüssen. Biegen Sie nach 47 Kilometern rechts ab. Fahren Sie am Ufer des **Frostastaðavatn** *(siehe S. 25)* entlang. Die rechts abzweigende, fünf Kilometer lange Piste F224 führt nach Landmannalaugar. Genießen Sie ein Bad in der heißen Quelle, bevor Sie die Rückfahrt antreten. Kehren Sie zur Straße Nr. 26 zurück und fahren Sie Richtung Süden zum Rasthaus Vegamót zwischen Hella und Selfoss.

➤ *Wanderwege in Island siehe S. 56f*

REISE-INFOS

TOP 10 ISLAND

Links **Hütte in Landmannalaugar** Rechts **Tour zur Beobachtung von Papageitauchern**

TOP10 Reisevorbereitung

1 Einreise

Island wendet das Schengener Abkommen an. Bürger der EU und der Schweiz können sich mit Personalausweis oder Reisepass bis zu 90 Tage in Island aufhalten. Die Ausweisdokumente müssen drei Monate über das Ausreisedatum hinaus gültig sein. Kinder benötigen eigene Ausweispapiere.

2 Fremdenverkehrsbüros

Das größte Fremdenverkehrsbüro befindet sich in Reykjavík. Es bietet Informationen über Unterkünfte, Restaurants, Clubs und Touren. Am Flughafen Keflavík und in einigen anderen Orten gibt es kleinere Informationsstellen.

3 Wetter

Im Sommer erreichen die Temperaturen in Island bis zu 23 °C, im Winter herrschen meist ca. 0 °C. Herbst und Frühjahr sind niederschlagsreich. Aufgrund des Golfstroms fällt im Süden vergleichsweise wenig Schnee. Wegen der rasch wechselnden Witterung sollten Reisende vor Ausflügen stets beim Isländischen Wetterdienst aktuelle Informationen einholen. ✆ www.vedur.is

4 Beste Reisezeit

Die Zeit von Mitte Juni bis Mitte August ist wegen der Mitternachtssonne und der milden Temperaturen bei Reisenden beliebt. In den dunklen Wintern ist das Landesinnere kaum zugänglich, Busverbindungen bestehen meist erst ab Ende Juni nach der Schneeschmelze. Polarlicht ist von November bis Februar zu sehen. In Frühling und Herbst sind Tage und Nächte etwa gleich lang.

5 Reisegepäck

Das unbeständige Wetter macht warme, wind- und wasserdichte Kleidung erforderlich. Im Sommer sollte man Sonnenschutzmittel und eine Schlafmaske mitnehmen. Wanderer benötigen festes Schuhwerk. Für den Besuch heißer Quellen gehört Badekleidung ins Reisegepäck.

6 Zeit

In Island gilt die Greenwich Mean Time (GMT). Reisende aus Ländern mit Mitteleuropäischer Zeit müssen in Island im Winter die Uhr um eine, im Sommer um zwei Stunden vorstellen. In Island erfolgt keine Umstellung auf Sommerzeit.

7 Währung

Die Währung Islands ist die Isländische Krone (ISK). Banknoten sind im Wert von 500, 1000, 2000, 5000 und 10 000 Kronen, Münzen im Wert von 1, 5, 10, 50 und 100 Kronen im Umlauf. Für Besuche in ländlichen Gegenden empfiehlt es sich, Bargeld mitzuführen.

8 Versicherung

Reisende aus der EU genießen bei Vorlage der Europäischen Krankenversicherungskarte (EHIC) in Verbindung mit dem Reisepass Anspruch auf kostenlose medizinische Behandlung. Der Abschluss einer den Rücktransport abdeckenden Auslandsreisekrankenversicherung ist empfehlenswert.

9 Strom

Die Netzspannung in Island beträgt 230 V/ 50 Hertz. Steckdosen sind zweipolig, ein Adapter ist nicht erforderlich.

10 Angel- & Reitausrüstung

Angelausrüstung und Reitkleidung müssen bei der Einfuhr nach Island nachweislich desinfiziert bzw. gereinigt sein. Bei Fehlen entsprechender Belege kann Angelausrüstung auch vor Ort kostenpflichtig desinfiziert werden. Ledersättel und -zaumzeug dürfen nur unbenutzt und originalverpackt nach Island eingeführt werden. ✆ www.tollur.is

Auf einen Blick

Fremdenverkehrsbüros

Karte K2 • Aðalstræti 2, 101 Reykjavík
• 590 1550
• www.visitreykjavik.is

Karte B5 • Flughafen Keflavík • 570 7799
• www.kefairport.is

Karte E2 • Strandgata 12, Akureyri • 450 1050
• www.visitakureyri.is

Links **Souvenirladen Kirsuberjatréð, Reykjavík** Rechts **Mehrwertsteuerrückerstattung, Reykjavík**

TOP 10 Praktische Hinweise

1 Internet
Neben der Website des Isländischen Fremdenverkehrsamts (www.visit iceland.com) bietet die Internetseite www.iceland naturally.com Besuchern hilfreiche Informationen. Über Reykjavík informiert www.visitreykjavik.is. Unter www.icelandreview.com sind aktuelle Nachrichten zu finden, www.icelandlocalfood.is bietet einen Restaurantführer. Für Angelfreunde sind www.angling.is und www.fishiceland.com interessant, Wanderern liefern www.icelandtoday.is und www.nat.is hilfreiche Tipps. Unter www.grape vine.is sind Informationen über das Nachtleben in Island zu finden. Die meisten Websites sind englischsprachig, einige bieten auch Informationen in deutscher Sprache.

Botschaften & Konsulate
Deutschland
• Laufásvegur 31, 101 Reykjavík,
• 530 1100
• www.reykjavik.diplo.de

Österreich
• Orrahólar 5, 111 Reykjavík
• 557 5464
• www.bmeia.gv.at

Schweiz
• Laugavegi 13, 101 Reykjavík
• 551 7172
• www.eda.admin.ch

2 Öffnungszeiten
Postämter sind montags bis freitags von 9 bis 17 Uhr, von Juni bis August von 8 bis 16 Uhr geöffnet. Läden öffnen Montag bis Freitag von 10 bis 18 Uhr, samstags von 10 bis zwischen 13 und 16 Uhr. Einige Supermärkte haben täglich bis 23 Uhr offen. Banken sind montags bis freitags von 9.15 bis 16 Uhr geöffnet. Außerhalb Reykjavíks sind die Öffnungszeiten oft kürzer.

3 Feiertage
In Island gelten folgende Feiertage: Neujahr, Gründonnerstag, Karfreitag, Ostersonntag, Ostermontag, Sommeranfang (erster Donnerstag nach dem 18. April), Tag der Arbeit (1. Mai), Christi Himmelfahrt, Pfingstsonntag, Pfingstmontag, Nationalfeiertag (17. Juni), Tag des Handels (1. Montag im August), Heiligabend, Weihnachten (25. und 26. Dezember) und Silvester.

4 Rauchen
Das Rauchen in Bars, Restaurants, Clubs, Cafés und öffentlichen Verkehrsmitteln ist verboten.

5 Botschaften & Konsulate
Reisenden bieten die diplomatischen Vertretungen ihrer Heimatländer Informationen über Islandaufenthalte und leisten bei Problemen wie Verlust des Reisepasses Hilfe. Die Schweiz und Österreich haben Konsulate in Reykjavík, für zentrale Belange in Island sind deren Botschaften in Stockholm bzw. Kopenhagen zuständig. Deutschland betreibt eine Botschaft in Reykjavík.

6 Trinkgeld
In isländischen Rechnungen ist der Service enthalten. Angestellte in Hotels und Restaurants sowie Busfahrer und Begleiter auf Ausflügen freuen sich dennoch, wenn sie Trinkgeld erhalten.

7 Schlussverkauf
Es gibt in Island keinen regulären Schlussverkauf, im Hochsommer und im Januar werden Preise jedoch häufig reduziert.

8 Mehrwertsteuerrückerstattung
Besucher können bei Einkäufen ab 6000 ISK einen Teil der Mehrwertsteuer von 25,5 Prozent rückerstattet bekommen. Läden stellen entsprechende Formulare aus. Erstattungen sind am Flughafen Keflavík, auf Seyðisfjörður-Fähren, in Einkaufszentren in Reykjavík und in Fremdenverkehrsbüros möglich.

9 Maße
In Island gilt das metrische System.

10 Sprache
Isländer sprechen sehr gut Englisch. Sie reagieren häufig überrascht, wenn Fremde Isländisch zu sprechen versuchen, und antworten dann meist auf Englisch.

Links **Leifur-Eiriksson-Terminal, Flughafen Keflavík** Rechts **Kreuzfahrtschiff, Hafen von Reykjavík**

TOP 10 Anreise

1 Mit dem Flugzeug
Icelandair und SAS Scandinavian Airlines bieten Flüge von Europa nach Island. Von Frankfurt am Main aus bestehen direkte Verbindungen zum Flughafen Keflavík. Die Flugzeit beträgt etwa drei Stunden. Aus Österreich und der Schweiz erreicht man Reykjavík mit Zwischenstopps z. B. in Dänemark oder Großbritannien. Von Gatwick und Kopenhagen aus fliegt die Billigfluglinie WOW Air nach Akureyri.
✆ www.icelandair.com
✆ www.flysas.com
✆ www.lufthansa.com
✆ www.austrian.com
✆ www.swiss.ch
✆ www.wow-air.de

2 Zoll
Besucher dürfen begrenzte Mengen Alkohol sowie maximal 200 Zigaretten oder 250 Gramm Tabak zollfrei nach Island einführen. Die Einfuhr von ungekochtem Fleisch und einiger anderer Lebensmittel ist verboten. Für die Mitnahme von Reitkleidung und Angelausrüstung gelten besondere Vorschriften *(siehe S. 118)*. Informationen über Einfuhrbestimmungen erteilt die Isländische Zollbehörde unter www.tollur.is.

3 Duty-free-Läden
Der Flughafen Keflavík bietet im Ankunfts- und im Abflugterminal Duty-free-Läden. Spirituosen sind dort deutlich preiswerter als in den staatlich kontrollierten Läden im Land.

4 Flughafen Keflavík
Der Internationale Flughafen Keflavík (Keflavíkurflugvöllur) liegt etwa 50 Kilometer südwestlich von Reykjavík. Im Leifur-Eiríksson-Terminal gibt es Läden mit internationalen Marken und einheimischen Produkten wie Kosmetika von der Blauen Lagune und Brennivín. Auch einige Bars und Cafés sind dort vorhanden.
⬦ *Karte B5 • 235 Keflavíkurflugvöllur • 425 6000 • www.kefairport.is*

5 Flughafentransfer
Flybus bietet den preiswertesten Transfer vom Flughafen in die Stadt. ✆ *www.flybus.is*

6 Inlandsflughafen Reykjavík
Von dem kleinen Flughafen nahe dem Stadtzentrum starten Flüge nach Grönland und zu den Färöern sowie zu Orten innerhalb Islands. Air Iceland fliegt nach Akureyri, zu den Vestmannaeyjar, nach Egilsstaðir, Vopnafjörður, Grímsey und Ísafjörður, Eagle Air nach Höfn, Sáuðárkrókur, Gjögur und Bíldudalur. Beide bieten Tagestouren durch Island und nach Grönland an.
⬦ *Karte L6 • Flughafen Reykjavík, 101 Reykjavík • 424 4000 • www.isavia.is*
✆ *www.airiceland.is*
✆ *www.eagleair.is*

7 Weitere Flughäfen
Die restlichen Flughäfen in Island sind sehr klein und dienen Inlands-
flügen, lediglich von Akureyri aus starten im Sommer Flüge mit WOW Air nach Kopenhagen. Eagle Air und Air Iceland bieten von den Flughäfen mehrmals täglich Verbindungen nach Reykjavík.

8 Preiswerte Flüge
Im Internet lassen sich auf den Websites der Fluggesellschaften und über Suchmaschinen preiswerte Verbindungen ermitteln *(siehe S. 126)*.

9 Mit dem Schiff
Smyril-Line-Fähren fahren von April bis Oktober einmal wöchentlich von Dänemark und den Färöern nach Seyðisfjörður. Die Fahrt dauert drei Tage. Autos, Campingbusse und Motorräder kann man mitnehmen. Die Fahrt mit der Fähre ist allerdings kostspielig. ✆ *Smyril Line: Yviri við Strond 1, Torshavn, Färöer • 298 345900 • www.smyril-line.com*

10 Mit dem Kreuzfahrtschiff
Im Sommer fahren zahlreiche Kreuzfahrtschiffe Island an. Beliebte Anlaufstellen im Land sind Reykjavík, Ísafjörður, Akureyri und Seyðisfjörður. Zu den Kreuzfahrtunternehmen gehören Princess Cruises, Holland America, AIDA Cruises, MSC Magnifica, Hapag-Lloyd, Phoenix und Costa. Die Routen der Schiffe führen über Spitzbergen, Grönland, Kanada, Nordeuropa und den Polarkreis.

Tipps für Autofahrer **siehe S. 122**

Links **Blick vom Perlan** Mitte **Verkehrsschild** Rechts **Startendes Flugzeug am Flughafen Ísafjörður**

10 In Island unterwegs

1 Mit dem Auto
Island lässt sich gut mit dem Auto bereisen. Außerhalb der Städte sind die Straßen jedoch nicht asphaltiert. Die Straße Nr. 1 ist die einzige Autobahn Islands. Sie führt auf rund 1300 Kilometern rund um das Land. Manche Hochlandstraßen werden bei schlechtem Wetter gesperrt. Aktuelle Informationen über Straßenverhältnisse erhält man bei der isländischen Straßenbehörde unter www.vegagerdin.is.

2 Mietwagen
Mietwagenfirmen betreiben Schalter in den Flughäfen Keflavík und Akureyri, im Zentrum von Reykjavík, in Seyðisfjörður und in anderen größeren Städten Islands. Fahrer müssen mindestens 20 Jahre alt sein und eine Kreditkarte und den Internationalen Führerschein besitzen. Wagen mit Vierradantrieb sind im Landesinneren, im Winter und bei Regen ratsam.

3 Mit dem Bus
Vom BSÍ-Busbahnhof im Zentrum von Reykjavík fahren täglich viele Busse in alle Regionen Islands. Die Fahrt nach Akureyri dauert sieben Stunden. Da es in Island keine Eisenbahn gibt, sind Busse neben Inlandsflügen die einzigen öffentlichen Fernverkehrsmittel. Die meisten Busse fahren einmal pro Tag, an den Wochenenden auch zweimal täglich.

⊛ *BSÍ-Busbahnhof: Karte L4 • Vatnsmýrarvegi 10, 101 Reykjavík • 562 1011 • tägl. 4.30–24 Uhr • www.bsi.is*

4 Taxis
Isländische Taxis haben Taxameter und einheitliche Gebühren. Trinkgeld ist nicht üblich. Taxis stehen meist vor größeren Hotels. Viele bieten auch Sightseeingtouren an. Fahrten zum Flughafen kosten 13500 Kronen für ein bis vier, 16900 Kronen für fünf bis acht Passagiere.

5 Fähren
Fähren bedienen eine Reihe von Inseln vor der Küste. Die täglichen Verbindungen von Landeyjahöfn im Süden zu den Vestmannaeyjar dauern 30 Minuten. Auch Grímsey und Hrísey werden täglich angesteuert. Um die Westfjorde kreuzen mehrere Fähren.

6 Mit dem Fahrrad
Trotz der unasphaltierten Schotterpisten und des unbeständigen Wetters ist Radfahren in Island immer beliebter geworden. In Reykjavík und Akureyri gibt es mehrere Fahrradverleiher. Zum Schutz der Vegetation ist es untersagt, abseits der Straßen zu fahren.

7 Spazierengehen & Wandern
Reykjavík lässt sich gut an einem Tag zu Fuß erkunden, vor allem wenn man im Bezirk 101 bleibt. Wandern ist im ganzen Land beliebt. Der Wanderweg Laugavegur, der durch das Zentrum Islands führt, zieht besonders viele Besucher an.

8 Landkarten
Landkarten gibt es in Buchhandlungen. In Reykjavík verkauft Eymundsson Wanderkarten, auch über die isländischen Onlineshops www.randburg.is und www.nordicstore.net erhältlich sind. Fremdenverkehrsbüros bieten ebenfalls Landkarten an. ⊛ *www.visiticeland.com*

9 GPS
Da das Land zu großen Teilen unbewohnt ist, ist Navigation per GPS in Island weitverbreitet. Bei extremen Wetterlagen und fehlender Reichweite für Handys können Fahrten in das Hochland und einige ländliche Gebiete ohne GPS gefährlich sein. Einige Mietwagenfirmen verleihen für die Dauer des Aufenthalts GPS-Systeme.

10 Saisonale Beschränkungen
Der Verkehr ist in Island jahreszeitlichen Veränderungen unterworfen. In den Sommermonaten von Juni bis August bestehen sehr viel mehr Busverbindungen als im Winter. Viele Bergstraßen sind nur von Juli bis Mitte September befahrbar. Inlandsflüge können bei schlechtem Wetter abgesagt werden, Fähren sind bei rauer See deutlich länger unterwegs. ⊛ *www.vedur.is*

Links **Schotterstraße** Mitte **Tankstelle** Rechts **Mietwagenfirma, Inlandsflughafen Reykjavik**

TOP 10 Tipps für Autofahrer

1 Führerschein & Versicherung
Der nationale Führerschein wird in Island zwar anerkannt, die Mitnahme des Internationalen Führerscheins ist jedoch empfehlenswert. Bei Mitnahme des eigenen Autos muss der Kraftfahrzeugschein, bei einem Mietwagen der entsprechende Nachweis mitgeführt werden. Die Grüne Versicherungskarte ist Pflicht.

2 Mietwagen
Im Zentrum von Reykjavik, im Flughafen Keflavík und in Akureyri gibt es viele internationale und isländische Mietwagenfirmen. Das Mindestalter für die Anmietung beträgt 20, für Jeeps 25 Jahre *(siehe S. 121)*. Überprüfen Sie, ob die Versicherung Fahrten im Hochland einschließt.

3 Benzin
Selbstbedienungstankstellen sind preiswerter als jene mit Tankwart. Atlantsolia und ÓB sind die günstigsten Marken. Tanken Sie möglichst auf dem Land. Die meisten Tankstellen sind bis 23.30 Uhr geöffnet. In Reykjavik und in größeren Städten kann man nach Schließung an Automaten mit Kreditkarte oder Banknoten zahlen.

4 Geschwindigkeits-begrenzungen
Die Höchstgeschwindigkeit in geschlossenen Ortschaften beträgt 50 km/h. Außerhalb der Städte gelten auf Schotterstraßen 80 km/h, auf asphaltierten Straßen 90 km/h Höchstgeschwindigkeit. Die Scheinwerfer müssen immer eingeschaltet sein, es besteht Anschnallpflicht. Autofahren unter Alkoholeinfluss ist in Island verboten, es gilt die Null-Promillegrenze.

5 Parken
In Island sind nicht parallel zum Straßenrand parkende Autos nicht ungewöhnlich. Vorschrift ist, in Verkehrsrichtung und fünf Meter von Fußgängerüberwegen und Kreuzungen entfernt zu parken. Beschränkungen sind klar gekennzeichnet. In Reykjavik und Akureyri gibt es preiswerte Parkhäuser.

6 Gefahren
Das Befahren eines Kreisverkehrs kann knifflig sein. Die innere Fahrspur hat Vorfahrt vor der äußeren. Nehmen Sie die äußere Spur, wenn Sie den Kreisverkehr bei der nächsten Ausfahrt verlassen wollen. Seien Sie vor Schulen und an Fußgängerüberwegen vorsichtig. Isländer halten nicht unbedingt für Fußgänger, die ihrerseits Straßen auch nicht allzu aufmerksam überqueren.

7 Verkehrszeichen
Ampeln in Island haben die üblichen Signale Rot, Gelb und Grün, vor der Umstellung auf Grün leuchten Rot und Gelb gleichzeitig. Schilder mit der Aufschrift *blindhæð* warnen auf einspurigen Straßen vor unübersichtlichen Kuppen. An diesen Stellen ist große Vorsicht geboten.

8 Schotterstraßen
Viele Straßen in Island sind nicht asphaltiert. Auf den engen Schotterpisten sind hohe Geschwindigkeiten gefährlich. Vorsichtiges Fahren ist anzuraten, bei Gegenverkehr sollte man die Ausweichstellen benutzen. Geben Sie besonders acht an den Punkten, an denen Schotter in Asphalt übergeht und umgekehrt.

9 Hochland & Tiere
Das Verlassen der markierten Pisten ist verboten, für eventuell verursachte Schäden werden Strafen erhoben. Achten Sie beim Durchqueren brückenloser Flüsse im Hochland darauf, dass die Furten sicher sind. Gebirgsstrecken sind im Winter gesperrt, sie werden Anfang Juli geöffnet. Meist sind sie nur mit Jeep passierbar. Detaillierte Karten und GPS sind unverzichtbar. In Island gibt es weite Flächen nicht umzäunten Weidelands; Schafe, Pferde oder Kühe gelangen auf die Straßen. Bei Unfällen mit Tieren können Autofahrer zu Schadenersatz verurteilt werden.

10 Pannen
Der Isländische Automobilclub Félag Íslenskra Bifreiðaeigenda betreibt einen Pannendienst.
☎ 414 9999

 Der ADAC ist aus dem Ausland unter der Rufnummer 0049 89 22 22 22 zu erreichen.

Links **Walbeobachtungsfahrt vor Húsavík** Rechts **Schotterpiste zum Hekla**

10 Vorsicht!

1 Barbesuche am Zahltag

In Island sind Besuche von Bars, Clubs und Kneipen am Tag der Lohnauszahlung Tradition. Auch wenn angesichts der weltweiten Finanzkrise diese Leidenschaft ein wenig abgenommen hat, bilden sich an Freitag- und Samstagabenden vor Bars oft lange Schlangen, nachts ist es auf den Straßen laut.

2 Angeln ohne Lizenz

Wer in Island angeln geht, ohne über eine entsprechende Lizenz zu verfügen, muss mit hohen Geldstrafen rechnen. Die Angelsaison dauert von Juni bis September, an den meisten Flüssen gelten jedoch das ganze Jahr über Einschränkungen. Pro Tag darf man nicht länger als zwölf Stunden fischen. Die Einhaltung der Regeln wird streng überprüft.

3 Querfeldeinfahren

Da sich Islands Natur von Schäden äußerst langsam erholt, wird das Verlassen markierter Pisten schwer missbilligt. Im Hochland ist Handyempfang nicht garantiert und es herrscht wenig Verkehr. Bleiben Sie bei einer Panne bei Ihrem Auto.

4 Überhöhte Geschwindigkeit auf Schotterpisten

Die meisten Unfälle passieren in Island an Stellen, an denen der Asphaltbelag der Straßen in Schotter übergeht. Die auf dem Land weitverbreiteten Schotterpisten sind langsam zu befahren *(siehe S. 122)*. Drosseln Sie an den Übergangsstellen die Geschwindigkeit, um die Kontrolle über das Auto zu behalten. Auch Schotter an Straßenrändern ist riskant.

5 Rushhour in Reykjavík

Von 7.45 bis 9 Uhr und von 16 bis 18.30 Uhr herrscht in Reykjavík hohes Verkehrsaufkommen. Meiden Sie zu dieser Zeit das Autofahren – die engen Straßen sind dann meist völlig verstopft. Reykjavík ist zwar nicht groß, die meisten Einwohner besitzen jedoch Autos und nutzen öffentliche Verkehrsmittel selten.

6 Robbenfell

Achten Sie darauf, was Sie in Island einkaufen. Aus Fischleder gefertigte Handschuhe, Brieftaschen und Gürtel können problemlos ausgeführt werden, Souvenirs aus Robbenfell jedoch vom Zoll konfisziert werden. Die EU-Bestimmungen hierüber sind noch in Arbeit.

7 Geldwechsel

Geld sollte man nur in großen Banken, Hotels und Wechselstuben tauschen. Andernorts sind die Gebühren oft überhöht.

8 Drogen & Spirituosen

Der Besitz, der Konsum und der Handel mit Drogen werden in Island mit hohen Geld- und Haftstrafen geahndet. Spirituosen sind in staatlich kontrollierten Läden *(vínbúðin)* zu kaufen und mit hohen Steuern belegt. Der in Island als »Mondschein« *(landi)* bekannte schwarzgebrannte Schnaps ist verboten. Der Genuss kann zu Blindheit führen oder sogar tödlich sein. Von diesem Getränk sollte man auf jeden Fall Abstand nehmen.

9 Schiffsfahrten bei schlechtem Wetter

Bei schlechten Wetterbedingungen stellen Fähren den Dienst ein. Allerdings sind selbst die normalen am Nordatlantik herrschenden Wetterverhältnisse für Besucher oft sehr unbehaglich. Seekrankheit tritt häufig auf, selbst auf Walbeobachtungstouren – ganz zu schweigen von längeren Überfahrten. Auf den meisten Fähren sind Mittel gegen Seekrankheit erhältlich.

10 Kriminalität

In Island gibt es wenig Kriminalität. In stark frequentierten Bars und Clubs in Reykjavík sollte man allerdings vorsichtig sein, ebenso in der Gegend um den Busbahnhof Hlemmur nach Einbruch der Dunkelheit. In Menschenmengen, in öffentlichen Verkehrsmitteln und in Warteschlangen vor Sehenswürdigkeiten sollte man stets auf seine Wertsachen achten.

Links **Hauptpostamt, Reykjavík** Mitte **Veranstaltungsmagazin Grapevine** Rechts **Bankenlogo**

TOP 10 Geld & Kommunikation

1 Banken
Banken haben montags bis freitags von 9.15 bis 16 Uhr geöffnet. Außerhalb von Reykjavík können die Öffnungszeiten kürzer sein. Es gibt mehrere Banken im Zentrum Reykjavíks, im Flughafen Keflavík, in Akureyri und in allen größeren Städten.

2 Geldwechsel
Banken hängen die gesetzlichen Wechselkurse in den Filialen aus. Vom Geldwechsel in anderen Institutionen als Banken, großen Hotels und Wechselstuben ist abzuraten *(siehe S. 123)*. Die Deviseneinfuhr von mehr als 10 000 Euro ist meldepflichtig.

3 Reiseschecks
Reiseschecks werden in Island akzeptiert, verlieren aber angesichts des Zahlungsverkehrs mit Kreditkarten an Stellenwert. Reiseschecks kann man in Banken, Hotels und Postämtern einlösen. Bewahren Sie Schecks und Seriennummern getrennt auf.

4 Geldautomaten
Geldautomaten findet man vor Banken, in größeren Läden und an einigen Tankstellen. Sie bieten die Möglichkeit, mittels Debitoder Kreditkarte und PIN rund um die Uhr Bargeld abzuheben.

5 Kreditkarten
Kreditkarten werden in Island fast überall akzeptiert. Visa und MasterCard sind am weitesten verbreitet, Karten von American Express werden mancherorts nicht akzeptiert. Einige Unternehmen akzeptieren Kreditkarten erst ab einer Summe von mindestens 500 Kronen. Die Kreditkartenunternehmen betreiben in Island keine Niederlassungen.

6 Post
Postämter haben je nach Größe der Stadt Montag bis Freitag von 9 bis 14 oder 16 Uhr geöffnet. Post innerhalb von Europa ist drei bis fünf Tage unterwegs. Briefmarken sind auch in Hotels, Buchhandlungen und Supermärkten erhältlich.
◈ *Hauptpost Reykjavík: Karte L2 • Íslandspóstur, Pósthússtræti 5, 101 Reykjavík • 580 1200 • www.postur.is*

7 Internet
Island besitzt die wahrscheinlich größte Internetdichte der Welt. Viele Cafés und Buchläden, vor allem in Reykjavík, stellen ihren Gästen und Kunden ihr WLAN-Netz gratis zur Verfügung. Auch in zahlreichen Hotels und Jugendherbergen besteht die Möglichkeit, das Internet zu nutzen.

8 Telefon & Handy
In isländischen Telefonbüchern sind die Teilnehmer alphabetisch nach Vornamen verzeichnet. Island hat die Vorwahl 00354. Zuverlässigen Handyempfang gibt es nur an der Küste. Das Netz nach GSM- und UMTS-Standard ist mit sämtlichen europäischen Netzen kompatibel. Erkundigen Sie sich bei Ihrem Anbieter nach Roaming-Gebühren. Vorsicht: Für Daten-Roaming können schnell hohe Kosten anfallen.

9 Zeitungen
Morgunblaðið, *Fréttablaðið* und *DV* sind die wichtigsten isländischen Zeitungen. Internationale Presse findet man in Buchläden in Reykjavík. Die *Iceland Review*, das englischsprachig, das kostenlose *Grapevine* bietet Veranstaltungshinweise.

10 Fernsehen
Die drei großen Fernsehkanäle Islands senden meist in Englisch oder untertitelt. Viele Hotels bieten Satellitenfernsehen.

Kreditkartenverlust

Allgemeine Notrufnummer
• *0049 116 116*
• *www.116116.eu*

American Express
• *0049 69 9797 2000 (D/A)*
• *0041 44 659 6900 (CH)*

Diners Club
• *0049 69 900 150 135 (D)*
• *0043 1 501 35 135 (A)*
• *0041 58 880 8801 (CH)*

MasterCard
• *001 636 722 7111*

Visa
• *001 303 967 1096 (R-Gespräch)*

girocard
• *0049 69 74 09 87*

Der Dienst Deutschland Direkt für R-Gespräche in das Festnetz der deutschen Telekom: 800 9049.

Links **Heiße Quelle, Hveravellir** Rechts **Jeep durchquert einen Fluss im Hochland**

TOP 10 Sicherheit & Gesundheit

Sicherheit

1 Island ist ein sicheres Land. Dennoch sollte man die üblichen Vorsichtsmaßnahmen treffen: Lassen Sie keine Wertsachen sichtbar im Auto liegen, zeigen Sie nicht, wie viel Bargeld Sie dabeihaben, und achten Sie im Gedränge auf Ihre Wertsachen.

Kriminalität

2 Island hat eine der niedrigsten Kriminalitätsraten der Welt. Kleinkriminalität ist vor allem in Reykjavík anzutreffen. Die Drogen- und Waffengesetze im Land sind streng.

Polizei

3 Islands Polizeibeamte *(lögreglan)* tragen schwarze Uniformen. Streifenwagen sind weiß mit blauer Aufschrift und blauen und roten Streifen. Polizisten sind mit Schlagstöcken und Pfefferspray ausgerüstet, die Flughafenpolizei trägt Handfeuerwaffen. ◉ *Polizeipräsidium: Karte M3 • Hverfisgata 113 • 444 1000*

Notfälle

4 Die Notrufnummer für Feuerwehr, Krankenwagen und Polizei ist die 112. In Krankheitsfällen erteilt auch das medizinische Zentrum in dem Stadtteil Kópavogur von Reykjavík unter der Nummer 1770 Ratschläge und veranlasst Hausbesuche oder Einweisungen in Krankenhäuser. Der zahnärztliche Notdienst hat die Rufnummer 575 0505.

Durchfahren von Flüssen

5 Das Durchfahren von Flüssen birgt Risiken. Bei Flut sollte man davon absehen. Flüsse sollten nie unmittelbar oberhalb eines Wasserfalls durchquert werden. Messen Sie mit einem Stock die Wassertiefe: Ein Wasserstand ab Hüfthöhe ist gefährlich. Fahren Sie nur durch Flüsse, die Sie auch zu Fuß durchqueren können.

Küstengebiete

6 Küsten und Strände in Island sind meist nicht bewacht. Holen Sie sich vor Wanderungen den Rat Einheimischer ein und beachten Sie die Gezeiten. Informieren Sie andere Personen über Ihre Route. In Gegenden wie den Höhlen von Reynishverfi nahe Vík bilden die steigende Flut und Felsstürze Gefahr. ◉ *Isländische Küstenwache: 545 2000 • www.lhg.is*

Sonnenschutz

7 Die Sonne ist in Island sehr stark. Sonnenbrille, Sonnencreme und Hut sind unverzichtbar, vor allem wenn man einige Zeit im Freien zubringen möchte. Auch Windbrand tritt häufig auf. Bringen Sie Hautpflegemittel von zu Hause mit, sie sind in Island sehr teuer.

Lawinen, Erdrutsche & Schlammlawinen

8 Lawinen, Erdrutsche und Schlammlawinen haben in Island bereits viele Opfer gefordert. Holen Sie stets den aktuellen Wetterbericht ein, wenn Sie in Regionen wie den Westfjorden wandern möchten. Vor allem im Frühjahr sind die Bedingungen oft schwierig. Lawinenwarnungen werden im Internet veröffentlicht. Starker Regen kann das ganze Jahr über zu Schlammlawinen führen, auch hier ist die Wettervorhersage hilfreich. ◉ *Wettervorhersage vom Band (auf Englisch): 902 0600 • Aktuelle Meldungen: www.vedur.is*

Ärztliche Versorgung & Apotheken

9 Nehmen Sie alle Medikamente, die Sie benötigen, von zu Hause mit. EU-Bürger sollten die Versicherungskarte EHIC mitführen *(siehe S. 118)*. Preise für Verschreibungen variieren, Kosten für Krankenwagentransporte sind nicht erstattungsfähig. Apotheken *(apótek)* haben oft lange Öffnungszeiten.

Wasserqualität & Baden

10 Leitungswasser in Island ist trinkbar. Schwimmbäder *(sundlaug)* sind geothermisch auf 28 °C geheizt. Das Wasser ist sehr sauber (nicht chemisch gereinigt), vor dem Bad müssen Gäste duschen. Prüfen Sie bei Naturquellen die Wassertemperatur: Durch seismische Verschiebungen kann das Wasser extrem heiß werden.

Weitere Tipps für einen sicheren Aufenthalt **siehe S. 123**

Perlan, Reykjavík

TOP 10 Island für wenig Geld

1 Onlinebuchung
Über gängige Suchmaschinen lassen sich im Internet preiswerte Flüge ermitteln. Auch auf den Websites von Fluggesellschaften sind Angebote zu finden. Häufig lohnt sich frühzeitige Buchung. Für Hotels von Icelandair und internationale Hotelketten sind online oft günstige Preise zu finden. ✆ www.icelandairhotels.com

2 Reisen außerhalb der Hochsaison
In Island ist von Juni bis August Hochsaison. Wer bezüglich der Reisedaten flexibel ist, wird zu anderen Zeiten günstigere Preise für Flugverbindungen und Übernachtungen vorfinden. Mitte Oktober schnellen jedoch in Reykjavík wegen des Musikfestivals Iceland Airwaves Flug- und Hotelpreise in die Höhe.

3 Reykjavík City Card
Die Reykjavík City Card bietet freien Eintritt in Thermalbädern und in vielen Museen der Stadt, kostenlose Nutzung der öffentlichen Verkehrsmittel sowie Ermäßigungen bei Ausflügen und in manchen Läden. Die Reykjavík City Card ist 24 Stunden (3300 ISK), 48 Stunden (4400 ISK) oder 72 Stunden (4900 ISK) gültig. Sie ist u. a. im Fremdenverkehrsbüro (siehe S. 118), in manchen Hotels und bei Reiseveranstaltern erhältlich. ✆ www.visitreykjavik.is

4 Kostenlose Attraktionen
Viele Attraktionen in Reykjavík kann man kostenlos besuchen, z. B. Perlan, die Hallgrímskirkja und das Thermalbad am Strand. Das Fremdenverkehrsamt bietet unentgeltlich Führungen an. Das ganze Jahr über finden viele kostenlose kulturelle Veranstaltungen und Festivals statt. ✆ www.freecitytravel.com

5 Flughafentransfer
Taxis vom Flughafen sind erheblich teurer als der Zubringerdienst. Fahrten mit dem Flybus von Reykjavík Excursions vom BSÍ-Busbahnhof über die Blaue Lagune zum Flughafen oder vom Flughafen in die Stadt sind preiswert. ✆ www.flybus.is

6 Übernachten
Im Sommer bieten viele Pensionen Räume für Übernachtungen im Schlafsack an. Die Unterkünfte sind preiswerter als Hotels. Schlafsäcke bringt man mit, zuweilen kann man sie vor Ort leihen. Islands Jugendherbergen sind erstklassig – in Reykjavík kann man dort Privatzimmer buchen. Auch Campingplätze sind günstig. ✆ Hostelling International: 575 6700 • info@hostel.is • www.hostel.is

7 Essengehen
Die in den Mittelklasse- oder Landrestaurants angebotenen Suppen sind lecker und preiswert. Der Nachschlag ist meist kostenlos. Dasselbe gilt für Kaffee. Viele Lokale bieten Kinderportionen. Isländisches Bier ist günstiger als importiertes, in Bars gibt es Happy Hours. Leitungswasser ist in Island von guter Qualität. In Flaschen abgefülltes Wasser zu kaufen, ist nicht erforderlich.

8 Shopping
Die in Island zahlreichen importierten Waren sind kaum preiswerter als in anderen Ländern. Es lohnt sich, auf einheimische Produkte zurückzugreifen. Souvenirs kauft man am besten im Duty-free-Shop am Flughafen. Eine Mehrwertsteuerrückerstattung für Einkäufe über 6000 ISK ist möglich (siehe S. 119).

9 Angellizenzen
Angeln ist nicht billig, Verstöße gegen die Vorschriften können teuer werden. Die Fishing Card (Veiðikortið) gestattet Zugang zu 38 Forellen-, Saiblings- und Lachsgründen. Informieren Sie sich beim Fremdenverkehrsamt über Bedingungen und Zeiten. ✆ www.veidikortid.is

10 Versicherung
Medizinische Versorgung in Island ist teuer, EU-Bürger sollten die EHIC mitführen (siehe S. 118). Erkundigen Sie sich bei Ihrer Versicherung nach Absicherung bezüglich Abenteuersportarten und der in Island herrschenden Wetterschwankungen.

Pensionen in Island siehe S. 131

Links **Restaurant Fiskmarkaðurinn, Reykjavík** Rechts **Campingplatz, Naturschutzgebiet Fjallabak**

TOP 10 Hotel- & Restaurant-Tipps

1 Buchung

In beliebten Regionen wie am Mývatn sind Unterkünfte vor allem im Sommer rasch ausgebucht. Hotels in kleineren Orten können gerade bei besonderen Veranstaltungen schnell voll werden. In manchen Regionen gibt es nur wenige Übernachtungsmöglichkeiten. Frühzeitige Buchung ist in jedem Fall empfehlenswert.

2 Nebensaison

Außerhalb der Hochsaison sinken Hotelpreise erheblich. In der Nebensaison im September und Oktober sowie im April und Mai sind Übernachtungen preiswerter, allerdings ist das Wetter nass und unbeständig. Zu Weihnachten und an Neujahr sind Unterkünfte teuer. Von Ende Mai bis Anfang September bieten Hotels annehmbare Preise, das Wetter ist für einen Aufenthalt gut geeignet.

3 Pauschalangebote

Icelandair bietet attraktive Pauschalreisen, die Flug, Übernachtung, Mietwagen und Ausflüge beinhalten. Auch Onlineportale wie Lastminute und Opodo bieten Komplettpakete.
- www.icelandair.com
- www.lastminute.de
- www.opodo.de

4 Selbstversorger

Für Gruppenreisende und Familien bieten sich mit Ferienwohnungen und Unterkünften mit Kochgelegenheit preiswerte Übernachtungsmöglichkeiten. Lebensmittel sind in Island allerdings vergleichsweise teuer. Jugendherbergen verfügen über Gemeinschaftsküchen. Ferien auf dem Bauernhof sind bei Familien beliebt, dazu ist jedoch ein Mietwagen unabdingbar.

5 Hütten

Berg- oder Wanderhütten an beliebten Wanderwegen wie an der Strecke von Landmannalaugar nach Þórsmörk bieten Rucksackreisenden und Wanderern Unterkunft. Die Unterbringung sollte mindestens einen Monat im Voraus online bei den Wandervereinen gebucht werden. Die Alternative, eventuell bei Sturm und Regen zu zelten, ist wenig einladend. *Isländischer Wanderverein: 568 2533 • www.fi.is* *Útivist: www.utivist.is*

6 Tagesgerichte

Tagesgerichte oder *Prix-fixe*-Menüs sind eine preiswerte Möglichkeit, in isländischen Restaurants zu speisen. Regionale Gerichte der Saison sind stets am günstigsten. Sie beinhalten Lamm- und Lachsgerichte sowie Meeresfrüchte. Restaurants, die Abendessen zu niedrigen Preisen anbieten, sollte man meiden.

7 Fischgerichte

Fisch ist in den meisten Restaurants günstiger als die Fleischgerichte. Der frisch aus dem Atlantik geholte isländische Fisch schmeckt hervorragend – von Dorsch über Schellfisch, Heibutt, Rochen und Rotbarsch bis zu Hering oder Hummer. *Harðfiskur* (getrockneter Dorsch) ist als Snack an fast jeder Ecke zu finden.

8 Wasser

Sofern man kein sprudelndes Wasser bevorzugt, muss man in Restaurants kein Mineralwasser in Flaschen bestellen – Leitungswasser hat die gleiche Qualität. Wanderer in Island sollten eine leere Flasche mit sich führen, die man kostenlos an jedem Wasserhahn oder an Bächen auffüllen kann.

9 Wein & Bier

Per halbe Flasche oder in Karaffen verkaufte Hausweine können preiswerter sein als pro Glas. In Island werden Weine bis auf eine Sorte importiert: Kvöldsól wird in Húsavík aus Blaubeeren, Krähenbeeren und Rhabarber gewonnen. Die preiswertesten Biere sind Viking Gold und Thule Beer, die in Island gebraut werden und fast überall zu haben sind.

10 Kulturzentren

Islands Museen und Kulturzentren betreiben oft preisgünstige Restaurants, die sich für Kaffee- oder Mittagspausen anbieten. Dazu zählen das Rathaus in Reykjavík, das Gewächshauszentrum in Hveragerði und das Museum Kjarvalstaðir in Reykjavík.

Tipps für Autofahrer **siehe S. 122**

Links **Lobby des Hótel Plaza** Rechts **Hótel Reykjavík Centrum**

TOP 10 Hotels im Zentrum von Reykjavík

1 Reykjavík 101
Das Äußere des nahe der Haupteinkaufsstraße und der Oper gelegenen eleganten Hotels wirkt nüchtern. Die im minimalistischen Stil mit Holzmöbeln, großen Betten und Marmorbädern ausgestatteten Zimmer sind hell. Das Haus bietet ein Fitnesscenter und ein Spa. ⊗ *Karte L2 • Hverfisgata 10 • 580 0101 • www.101hotel. is • kkkkk*

2 Hótel Holt
Die Fassade des Gebäudes ist kaum reizvoller als ein Parkhaus im Stil der 1980er Jahre. Die Inneneinrichtung ist jedoch äußerst opulent. Die holzgetäfelten Räume bergen eine Sammlung isländischer Kunstwerke aus dem 19. Jahrhundert sowie ein exquisites Restaurant. ⊗ *Karte L3 • Bergstaðastræti 37 • 552 5700 • www.hotelholt.is • kkkk*

3 Hótel Borg
Das herrliche Art-déco-Gebäude ist mit Mobiliar aus dieser Zeit ausgestattet. Die Zimmer sind elegant. Die Einrichtung ist in Schwarz-Weiß gehalten, die Böden sind aus Marmor. ⊗ *Karte L2 • Pósthússtræti 11 • 551 1440 • www.hotelborg.is • kkkkk*

4 Hótel Reykjavík Centrum
Das moderne Hotel ist in einem historischen Gebäude an einer antiken Stätte untergebracht. Das aus Holz und rotem Wellblech erbaute Haus liegt über den Relikten einer Wikingersiedlung aus dem 7. Jahrhundert. Die geschmackvollen Zimmer besitzen historisches Flair. Der Service ist gut, das Restaurant hervorragend. ⊗ *Karte K2 • Aðalstræti 16 • 514 6000 • www.hotel centrum.is • kkkk*

5 Hótel Plaza
Die Zimmer in dem modernen Bau sind hell und geräumig. Sie haben Holzfußböden, Wände und Möbel sind in Weiß gehalten. Die Suiten bieten Blick auf das historische Zentrum. In der Nähe liegen viele Restaurants. ⊗ *Karte K2 • Aðalstræti 4 • 595 8500 • www.plaza.is • kkkk*

6 Hótel Frón
Die 90 Zimmer und die Apartments mit Küche bieten WLAN. Das Haus ist in nordischem Stil gehalten, verfügt aber über ein Bistro mit Bar nach Art einer mexikanischen Cantina. Das hübsche Café besitzt eine Terrasse. ⊗ *Karte M3 • Laugavegur 22A • 511 4666 • www.hotelfron.is • kkk*

7 Hótel Klöpp
Das nahe dem Laugavegur gelegene moderne Haus bietet kleine Zimmer mit großen Bädern. Es ist freundlich und funktionell. Für einen Kurzaufenthalt ist das Hotel ideal. Die Zimmer in den oberen Etagen sind ruhiger, einige bieten Blick auf das Meer. ⊗ *Karte M2 • Klapparstig 26 • 595 8500 • www.center hotels.com • kkk*

8 Hótel Óðinsvé
Das von einer Familie geführte Haus aus den 1930er Jahren verbindet Gemütlichkeit mit minimalistischer Einrichtung. Die Lage abseits der Hauptstraßen garantiert auch an den Wochenenden Ruhe. Das Restaurant ist auf Grillgerichte spezialisiert. ⊗ *Karte L3 • Þórsgata 1 • 511 6200 • www. hotelodinsve.is • kkk*

9 Hótel Leifur Eiríksson
Das kleine, der prächtigen Hallgrímskirkja gegenüberliegende Boutiquehotel bietet von den oberen Stockwerken aus schönen Blick auf die Kirche und die umliegenden Straßen. Die Zimmer sind klein, aber gepflegt. Sie bieten ein gutes Preis-Leistungs-Verhältnis. ⊗ *Karte M3 • Skólavörðustígur 45 • 562 0800 • www.hotelleifur.is • kk*

10 Fosshótel Lind
Die Einrichtung des Hotels ist spartanisch, aber behaglich. Das Personal ist äußerst hilfsbereit. Die Leistungen des Hotels lassen keine Wünsche offen, die Zimmer sind jedoch klein und könnten vielfältiger ausgestattet sein. Das Hotel ist für Kurzaufenthalte hervorragend geeignet. ⊗ *Karte N3 • Rauðarárstígur 18 • 562 3350 • www. fosshotel.is • kkk*

Weitere Hotels in Reykjavík **www.hotelsoficeland.is**

Preiskategorien

Preis für ein Doppel-	**k** unter 10 000 ISK
zimmer pro Nacht	**kk** 10 000–20 000 ISK
mit Frühstück (falls	**kkk** 20 000–30 000 ISK
inklusive), Steuern	**kkkk** 30 000–40 000 ISK
und Service.	**kkkkk** über 40 000 ISK

Bar in der Lobby des Radisson Blu Saga Hótel

TOP 10 Hotels im Großraum Reykjavík

1 Radisson Blu Saga Hótel

Alle Zimmer des zentral gelegenen Business- und Konferenzhotels bieten Blick auf Reykjavík. Die stilvollen Master-Suiten haben dunkle Holzfußböden. Alle Gäste haben Zugang zum Wellnesscenter. ⊗ *Karte J3 • Hagatorg, 107 Reykjavík • 525 9900 • www.radissonblu.com • kkkk*

2 Hilton Reykjavík Nordica

Wie der Name vermuten lässt, kennzeichnen das Hotel einfarbige Möblierung und Kiefernholzböden. Zimmer-Safe, Lichtschutz (für die hellen Sommernächte) und Telefon im Bad sind nette Accessoires. ⊗ *Karte Q4 • Suðurlandsbraut 2, 108 Reykjavík • 444 5000 • www.hiltonreykjavik.com • kkkkk*

3 Grand Hótel Reykjavík

Das größte Hotel Islands in einem imposanten Hochhaus verfügt über ein gutes Restaurant und ein großes Spa- und Fitnesscenter. Die Konferenzsäle machen das Hotel bei Geschäftsreisenden beliebt. ⊗ *Karte Q3 • Sigtún 38, 105 Reykjavík • 514 8000 • www.grand.is • kkkkk*

4 Hótel Ísland

Die farbenfrohe Einrichtung bricht mit dem schlichten Stil, der sonst mit isländischen Hotels assoziiert wird. In allen Zimmern gibt es Gratis-WLAN. Die Nähe zum Botanischen Garten und der freie Zugang zu den Badeanstalten von Reykjavík sind weitere Pluspunkte. ⊗ *Karte R4 • Ármúli 9, 108 Reykjavík • 595 7000 • www.hotelisland.is • kkk*

5 Hótel Cabin

Die Zimmer in dem preiswerten Hotel sind klein und schlicht, aber gepflegt. Von den oberen Etagen eröffnet sich der Blick aufs Meer. Einige Zimmer haben Fenster nach innen für den ruhigen Schlaf in den hellen Sommernächten. Das Restaurant serviert ein günstiges Mittagsbüfett. ⊗ *Karte N3 • Borgartún 32, 105 Reykjavík • 511 6030 • www.hotel cabin.is • kk*

6 Hótel Björk

Das Äußere des Gebäudes ist schlicht. Die großen Zimmer mit Aussicht, das freundliche Personal, das Restaurant und die Lage machen das Hotel jedoch empfehlenswert. ⊗ *Karte N3 • Brautarholt 22–24, 105 Reykjavík • 511 3777 • www.bjork hotelreykjavik.com • kkkk*

7 Reykjavík City Hostel

Das City Hostel ist eine der wenigen Jugendherbergen, die neben Schlafsälen Einzelzimmer bietet. Die Lage nahe dem Botanischen Garten und der Badeanstalt Laugadalur ist ideal. Die Unterkunft ist im Voraus zu buchen. ⊗ *Karte R3 • Sundlaugarvegur 34, 105 Reykjavík • 553 8110 • www.hostel.is • kk*

8 Hótel Laxnes

Das schlichte Hotel liegt nahe dem einstigen Wohnhaus des Dichters Halldór Laxness in fast ländlicher Umgebung. Die Doppelzimmer und Apartments mit Kochnische sind gut, in den kargen Einzelzimmern hallt es. In der Nähe liegen ein Golfplatz und ein Swimmingpool, Shuttlebusse fahren regelmäßig in die Stadt. ⊗ *Karte Q5 • Háholt 7, 270 Mosfellsbær • 566 8822 • www.hotellaxnes.is • kk*

9 Viking Village

Das Thema Wikinger beherrscht den Komplex mit Hotel, Restaurants, Museum und Bühnen. Die Anlage wirkt wie eine Lagerhalle, die weiß gestrichenen Zimmer sind jedoch gut. Sie besitzen Holzfußböden. ⊗ *Karte P6 • Strandgata 55, 220 Hafnarfjörður • 565 1213 • www.fjorukrain.is • kk*

10 Hótel Ørkin

Das schlichte kleine Hotel wird von der Färöischen Seefahrermission geführt. Es ist gepflegt und freundlich. Sonntags werden Gottesdienste abgehalten. Das Frühstück ist inklusive. Weitere Mahlzeiten werden im Haus allerdings nicht angeboten. ⊗ *Karte P4 • Brautarholt 29, 105 Reykjavík • 568 0777 • www.hotelorkin.is • kkk*

Gehobene Restaurants in Reykjavík **siehe S. 40f**

Links **Hótel Búðir, Halbinsel Snæfellsnes** Rechts **Hótel Framtíð, Djúpivogur**

TOP 10 Hotels in Island

1 Hótel Rangá
Das herrliche Landhotel mit Vier-Sterne-Komfort ist für Angeltouren am Fluss Rangá ideal gelegen. Auch andere Attraktionen Südislands sind gut zu erreichen. Neben den Hauptgebäuden gibt es hüttenähnliche Bungalows sowie ein exzellentes Restaurant. ◈ *Karte C5 • Ringstraße, nahe Hella • 487 5700 • www.hotelranga.is • kkkk*

2 Hótel Búðir
Die Lage des Hotels ist stimmungsvoll: Nur eine dunkle Holzkirche und der eisbedeckte Kegel des Snæfellsjökull liegen in der Nähe. Das renovierte Hotel alten Stils zählt zu den romantischsten Islands. Das Restaurant *(siehe S. 83)* ist hervorragend. ◈ *Karte A4 • 365 Snæfellsnes • 435 6700 • www.budir.is • kkk*

3 Hótel Skaftafell
Leider kann man nur in wenigen Zimmern den fantastischen Ausblick auf den Gletscher genießen. Das Hotel ist eine perfekte Basis für Wanderungen im Nationalpark Skaftafell. ◈ *Karte F5 • Freysnes, 785 Öræfi • 478 1945 • Dez geschl. • www.hotelskaftafell. is • kkk*

4 Hótel Klaustur
Für den kleinen Ort ist das Hotel außergewöhnlich groß. Es ist für Sommerexkursionen zum Nationalpark Skaftafell und zum Lakagígar ideal gelegen. Nebenan liegen ein

schlichtes Restaurant und ein kleiner Thermalpool. ◈ *Karte E5 • Klausturvegur 6, 880 Kirkjubæjarklaustur • 487 4900 • www.iceland airhotels.com • kkk*

5 Hótel Hamar
Das Hotel bietet heiße Badebecken, ein exzellentes Restaurant und einen fantastischen 18-Loch-Golfplatz. Alle Zimmer besitzen große Fenster und Türen, die direkt ins Freie führen. Einen Besuch des Landnámssitur Íslands sollte man nicht versäumen. ◈ *Karte B4 • Golfvöllurinn Hamar, 310 Borgarnes • 433 6600 • www. icelandairhotels.com • kkk*

6 Hótel Hérað
Der äußere Anblick lässt eher auf ein Verwaltungsgebäude schließen, die großen Zimmer sind jedoch geschmackvoll möbliert. Die Konferenzräume sind gut, das Personal ist hilfsbereit. Das Hotelrestaurant ist empfehlenswert, das Café Nielsen in der gleichen Straße ist jedoch preiswerter. ◈ *Karte G3 • Miðvangur 5–7, 700 Egilsstaðir • 471 1500 • www.icelandair hotels.com • kkk*

7 Hótel Gígur
Das gut geführte, moderne Hotel liegt am Südufer des Mývatn. Der Speisesaal bietet schöne Sicht auf den See. Die Zimmer sind recht klein. Nach Verlassen der Lobby muss man sich im Sommer vor den Fliegen schützen.

◈ *Karte F2 • Skútustöðum, 660 Mývatn • 464 4455 • www.keahotels.is • kkk*

8 Hótel KEA
Das prächtige historische Gebäude in Akureyri ist das Flaggschiff der kleinen nordisländischen Hotelkette. Die geräumigen Zimmer sind gut ausgestattet, das Frühstücksbüfett ist üppig. ◈ *Karte E2 • Hafnarstræti 87–89, 600 Akureyri • 460 2000 • www.keahotels.is • kkkk*

9 Hótel Ísafjörður
Das solide Gebäude – Schutz gegen raue Winterstürme – beherbergt ein anheimelndes, gemütliches, freundliches Hotel. Das Personal ist äußerst hilfsbereit. Die kleinen Zimmer sind mit allen für ein oder zwei Übernachtungen erforderlichen Annehmlichkeiten ausgestattet. Das Restaurant ist teuer, aber auch gut. ◈ *Karte B2 • Silfurtorg 2, 400 Ísafjörður • 456 4111 • www.isafjordurhotels.is • kkk*

10 Hótel Framtíð
Das historische Gebäude bietet Blick auf den Hafen von Djúpivogur. Es eignet sich hervorragend zum Ausspannen nach der Fahrt zur Insel Papey. Die Zimmer sind modern und gemütlich. Das Hotel vermietet auch Holzhütten und betreibt einen Campingplatz. ◈ *Karte G4 • Vogaland 4, 765 Djúpivogur • 478 8887 • www. hotelframtid.com • kkk*

Preiskategorien

Preis für ein Doppel-	**k** unter 10 000 ISK
zimmer pro Nacht	**kk** 10 000 – 20 000 ISK
mit Frühstück (falls	**kkk** 20 000 – 30 000 ISK
inklusive), Steuern	**kkkk** 30 000 – 40 000 ISK
und Service.	**kkkkk** über 40 000 ISK

Guesthouse Sunna, Reykjavik

⭐10 Pensionen

1 Gistiheimilið Baldursbrá

Die gastliche Pension in einer Wohngegend nahe dem Busbahnhof bietet große Zimmer und Apartments für Familien, einen Heißwasserpool im Freien, einen Grill und eine Sauna. Das umfangreiche Frühstücksbüfett ist im Preis enthalten. ⚲ Karte L4 • Laufásvegur 41, 101 Reykjavík • 552 6646 • baldursbra@centrum.is • kk

2 Guesthouse Anna

Das behagliche Haus bietet große Zimmer und hervorragende Verpflegung. Der Wirt ist sehr freundlich. Es gibt Gemeinschaftsbäder und Zimmer mit eigenem Bad. Die Pension liegt in einer ruhigen Straße nahe dem Busbahnhof. ⚲ Karte L4 • Smáragata 16, 101 Reykjavík • 562 1618 • www.guesthouseanna.is • kkk

3 Guesthouse Sunna

Das hostelähnliche Haus liegt nahe der Hallgrímskirkja. Die funktionell eingerichteten Zimmer haben Kochnischen und zum Teil eigene Bäder. Zuweilen ist es in der Umgebung des Hotels sehr laut. ⚲ Karte M3 • Þórsgata 26, 101 Reykjavík • 511 5570 • www.sunna.is • kkk

4 Lava Hostel

Die einfache Pension für Selbstversorger bietet Zimmer für zwei bis sechs Personen, Gemeinschaftsbäder, eine gut ausgestattete Küche sowie einen Schlafsaal für Übernachtungen im Schlafsack. Schlafsäcke gibt es auch zu leihen. Busse nach Reykjavík und zum Flughafen halten in der Nähe. ⚲ Karte B5 • Hjallabraut 51, 220 Hafnarfjörður • 565 0900 • www.lavahostel.is • kk

5 Gistihúsið Egilsstaðir

Die Atmosphäre in der einem Hotel ähnlichen Pension ist familiär. Das große, renovierte Bauernhaus am Ortsrand bietet herrlichen Blick auf den See. Alle Zimmer haben ein eigenes Bad. Das Haus betreibt ein fantastisches Restaurant. ⚲ Karte G3 • Straße Nr. 1, Egilsstaðir • 471 1114 • www.egilsstadir.com • kkk

6 Sólheimar Sjálfbært Samfélag

Ein Besuch der 1930 gegründeten, auf sanften Tourismus ausgerichteten Organisation ist ein unvergessliches Erlebnis. Die Anlage bietet eine gemütliche Pension, Kunsthandwerkskurse, ein vegetarisches Restaurant, einen Skulpturengarten u. v. m. ⚲ Karte C5 • Grímsnes, 801 Selfoss • 480 4400 • www.solheimar.is • kk

7 Skálholtsskóli

Die Herberge gehört zur Schule der Kathedrale im historischen Skálholt. Im Sommer können Gäste den Kirchenkonzerten beiwohnen (www.sumartonleikar.is). Buchung im Voraus ist erforderlich. ⚲ Karte C5 • Skálholt • 486 8870 • www.skalholt.is • kk

8 Hótel Geysir

Das Hotel für Selbstversorger liegt bei den Thermalquellen und in der Nähe eines Golfplatzes. Es bietet Einzel- und Doppelzimmer sowie Räume für drei Personen mit großer Küche. Reservierung ist notwendig. Es gibt auch ein Restaurant. ⚲ Karte C5 • Hochtemperaturgebiet Haukadalur • 480 6800 • www.hotelgeysir.is • kk

9 Gistihúsið Hamar

Die preiswerte, vom Hótel Þórshamar saisonal betriebene Pension verfügt noch über ein zweites Haus und eine Jugendherberge. Die Zimmer in dem modernen Gebäude am Hafen sind behaglich. Im Haupthaus, das über Spa und Sauna verfügt, wird das Frühstück serviert. ⚲ Karte C6 • Herjólfsgata 4, Heimaey, Vestmannaeyjar • 481 3400 • Mai – Sep • www.guesthousehamar.com • kk

10 Gistiheimilið Hof

Das ländlich gelegene Grassodenhaus mit Meerblick bietet einen Sandstrand. Die sechs Gebäude bergen je drei Doppelzimmer mit Bad, Küchenzeile und einem Thermalbecken im Außenbereich. ⚲ Karte A4 • Hofgarðar, 365 Snæfellsbær • 846 3897 • www.gistihof.is • kkk

➜ Island für wenig Geld siehe S. 126

Links **Hótel Aldan, Seyðisfjörður** Rechts **Hótel Edda Vík**

TOP 10 Sommerhotels & Edda-Hotels

1 Hótel Aldan

Das jahrhundertealte Holzhaus am Hafen – einst eine Bank – ist heute ein Hotel mit neun Zimmern, historischer Einrichtung, einer Bar und einem Restaurant. Das nahe gelegene Schwesterunternehmen Hótel Snæfell hat eine größere Anzahl Zimmer. ⚲ *Karte H3 • Norðurgata 2, 710 Seyðisfjörður • 472 1277 • www.hotel aldan.is • kkk*

2 Hótel Edda Stórutjarnir

Das moderne Hotel liegt zwischen Akureyri und dem Mývatn in einem kleinen Tal, das im Sommer Wildgänse aufsuchen. Es bietet Doppelzimmer mit Bad, Schlafsäle und ein Restaurant sowie ein Thermalbad. ⚲ *Karte E2 • Stórutjarnir, 641 Húsavík, Straße Nr. 1 • 444 4890 • Juni– Aug • www.hoteledda.is • kk*

3 Hótel Hallormstaður

Die im größten Waldgebiet Islands nahe dem Lögurinn-See gelegene Anlage bietet Zimmer im großen Gästehaus, Hütten für Selbstversorger und Betten in einem Sommerhotel mit einem Thermalbad in der nahen Schule. ⚲ *Karte G3 • Hallormstaður, nahe Egilsstaðir • 471 2400 • www.hotel701.is • k–kk*

4 Fosshótel Vatnajökull

Das funktionelle, gepflegte Hotel verfügt über schlichte, gemütliche Zimmer. Das Frühstück ist inbegriffen. Die Räume mit Blick auf den Gletscher sind den Aufpreis wert. Das Hotel ist bei Reisegruppen beliebt. ⚲ *Karte G5 • Straße Nr. 1 nahe Höfn, 781 Hornafjörður • 478 2555 • www. fosshotel.is • kkk*

5 Hólar í Hjaltadal

Die Universität Hólar bildet an der Stätte einer historisch bedeutenden Kathedrale das größte Anwesen Islands. Das Studentenwohnheim dient im Sommer als Unterkunft für Urlauber. Erkundigen Sie sich vorab telefonisch, welche Art Zimmer zur Verfügung stehen. ⚲ *Karte D2 • Hólar, nahe Sauðárkrókur • 849 6348 • Juni–Aug • booking@holar.is • k*

6 Hótel Edda Skógar

Das sturmsichere Gebäude liegt in der Nähe eines der imposantesten Wasserfälle Islands, des Skógasafn, und des Wanderwegs nach Þórsmörk. Es bietet einfache, funktionelle Zimmer, ein Gemeinschaftsbad, Räume für Übernachtungen im Schlafsack und ein Restaurant. ⚲ *Karte D6 • Skógar, 861 Hvolsvöllur • 444 4830 • 9. Juni–25. Aug • www. hoteledda.is • kk*

7 Hótel Edda Vík

Das Hotel bietet eine hochwertige Ausstattung mit Doppelzimmern mit Bad im Haupthaus und am Hang gelegenen Holzhütten. Das Frühstück wird in der Lobby serviert. Weitere Mahlzeiten bieten die Restaurants in Vík. ⚲ *Karte D6 • Straße Nr. 1, Vík í Mýrdal • 444 4840 • Mai–Sep • www.hoteledda.is • kk*

8 Hótel Edda Höfn

Die für Touren zum Vatnajökull oder Wanderungen in Lónsöræfi sehr günstig gelegenen Schulgebäude bieten einfache Doppelzimmer und Schlafsäle mit Gemeinschaftsbädern. Das abendliche Büfett des Restaurants ist hervorragend. ⚲ *Karte G5 • Höfn • 444 4850 • Mai–Sep • www.hotel edda.is • kk*

9 Hótel Edda ML Laugarvatn

Der riesige Komplex, eines von zwei Edda-Hotels am Ort, bietet Doppelzimmer mit und ohne Bad sowie ein eigenes Restaurant. Die Attraktionen des »Golden Circle«, der See Laugarvatn und ein großer Pool liegen in der Nähe. ⚲ *Karte C5 • Laugarvatn • 444 4810 • Juni–Aug • www.hoteledda.is • kkk*

10 Hótel Edda Ísafjörður

Die Schule nahe dem Zentrum von Ísafjörður bietet im Sommer Räume mit und ohne Bad, Schlafsackunterkunft in der beheizten Turnhalle und Zeltplätze. Restaurants gibt es im Ort. ⚲ *Karte B2 • Torfnes, Ísafjörður • 444 4960 • Juni–Aug • www.hotel edda.is • kkk*

Viele Internate in Island fungieren im Sommer als Edda-Hotels.

Reykjavík Campsite

TOP 10 Farmhotels & Campingplätze

1 Hótel Laki

Das umgebaute Bauernhaus bietet schöne Doppelzimmer mit Bad und Hütten für Gruppen. Es liegt am Rand eines riesigen Pseudokraters und eines Lavafelds, das sich bis zum Lakagígar erstreckt. ◉ *Karte E5 • Efri Vík, Kirkjubæjarklaustur • 412 4600 • www.hotel laki.is • kkk*

2 Hótel Látrabjarg

Von dem gemütlichen Hotel, ursprünglich ein Internat, sind der Strand und die Vogelfelsen gut erreichbar. Die Zimmer haben eigene oder Gemeinschaftsbäder. Das Hotel erteilt Lizenzen fürs Forellenfischen und bietet Ausritte an. ◉ *Karte A2 • nahe der Kreuzung der Straßen Nr. 612 & 615, Patreksfjörður • 825 0025, 456 1500 • Mitte Mai–Sep • www. latrabjarg.com • kkkk*

3 Hótel Anna

Das Landhotel bietet Blick auf den Eyjafjallajökull. Die großen Betten, niedrigen Decken und alten Holzmöbel verleihen dem Bauernhaus Flair. Frühstück und die Nutzung von Thermalbad und Sauna sind im Preis inbegriffen. ◉ *Karte D6 • Moldnúpur, Straße Nr. 246 zwischen Skógar & Seljarlandsfoss • 487 8950 • www.hotel anna.is • kkk*

4 Hótel Tindastóll

In dem seit 1884 bestehenden, ältesten Hotel Islands war bereits Marlene Dietrich zu Gast, die im Zweiten Weltkrieg vor amerikanischen Truppen auftrat. Das reizende Holzhaus besitzt einen gefliesten Außenpool – und angeblich einen Hausgeist. ◉ *Karte D2 • Lindargata 3, Sauðárkrókur • 453 5002 • www.arctichotels.is • kkk*

5 Reykjavík Campsite

Die riesige Grasfläche nahe dem Schwimmbad, dem Stadion und dem Botanischen Garten von Laugardalur fasst Hunderte Zelte. Der 20 Gehminuten vom Zentrum entfernte Campingplatz bietet ein überdachtes Kochareal, Toiletten und Duschen. ◉ *Karte R2 • Sundlaugarvegur 32, 105 Reykjavík • 568 6944 • www. reykjavikcampsite.is • kk*

6 Hótel Dyrhólaey Brekkur

Das Gehöft liegt am See in den Bergen in der Nähe des Vogelschutzgebiets Dyrhólaey. Es besitzt gemütliche, gepflegte Zimmer mit eigenem Bad. Einige bieten Blick auf den Gletscher Mýrdalsjökull. Das Personal ist hilfsbereit. Das Restaurant serviert abends ein preiswertes Büfett. ◉ *Karte D6 • nahe Vík • 487 1333 • www.dyrholaey.is • kk*

7 Campingplatz Hlíð

Der Campingplatz in herrlicher Lage am Mývatn bietet Blick auf Kirkjahlíð. Duschen und Toiletten sowie Wannen im Freien zum Geschirrspülen und Wäschewaschen gehören zur Anlage. Es gibt auch Holzhütten und ein Haus mit Schlafsälen. ◉ *Karte F2 • Reykjahlíð, Mývatn • 464 4103 • www.myvatn accommodation.is • kk*

8 Zeltplatz Hamrar

Für den großen Campingplatz nahe dem Waldgebiet bei Akureyri ist keine Anmeldung erforderlich. Es gibt Toiletten, Duschen, Waschmaschinen, Wäschetrockner sowie eine Küche und einen überdachten Essbereich. ◉ *Karte E2 • Kjarnaskógur, Akureyri • 843 0002 • www. hamrar.is • kk*

9 Campingplatz Egilsstaðir

Auf dem bisweilen morastigen Gelände mit einigen bewaldeten, geschützten Stellen nahe dem Fremdenverkehrsbüro und der Überlandbushaltestelle muss man seinen Standort sorgfältig auswählen. Duschen und Toiletten sind in gutem Zustand. Es gibt eine kleine, geschützte Grill- und Essecke. ◉ *Karte G3 • Egilsstaðir • 470 0750 • www.tjalda.is • kk*

10 Galtalækur II

Der Campingplatz nahe dem Vulkan Hekla, dem See Tangavatn und dem Wasserfall Þjófafoss bietet Angellizenzen. Es gibt auch Hütten. ◉ *Karte C5 • Galtalækur II, Straße Nr. 26, Rangárþing ytra, Hella • 487 6528 • www. 1.is/gl2 • kk*

Textregister

Danksagung & Bildnachweis

Autor
David Leffman ist Reiseschriftsteller und
Fotograf. Er besuchte Island das erste Mal
1981. David Leffman ist auch Autor des
Dorling-Kindersley-Reiseführers *Vis-à-Vis
China* sowie von Rough-Guides-Reisefüh-
rern über Island, Australien, Indonesien,
China und Hongkong. Er leitete zudem
geführte Spezialreisen nach China.

Fotografien
Nigel Hicks

Weitere Fotografien
Peter Gathercole, Steve Gorton, Rough
Guides/David Leffman, Clive Streeter

Entwurf
Michael Kissane

Autorin der Reise-Infos (S.118–133)
Laura Dixon

Factcheck & Sprachführer
Bergljót Njóla Jakobsdóttir

DK India

Managing Editor
Aruna Ghose

Editorial Manager
Sheeba Bhatnagar

Design Manager
Kavita Saha

Project Editor
Shikha Kulkarni

Projekt Designers
Namrata Adhwaryu, Shruti Singhi

Assitant Cartographic Manager
Suresh Kumar

Cartographer
Zafar-ul-Islam Khan

Senior Picture Research Coordinator
Taiyaba Khatoon

Picture Researcher
Sumita Khatwani

DTP Coordinator
Azeem Siddiqui

DTP Designer
Rakesh Kumar

Proofreader & Indexer
Andy Kulkarni

DK London

Publisher
Douglas Amrine

List Manager
Christine Stroyan

Design Manager
Mabel Chan

Senior Editor
Sadie Smith

Cartographer
Stuart James

DTP Operator
Jason Little

Production Controller
Danielle Smith

Revisions Team
Ashwin Raju Adimari, Barbara Balfour,
Marta Bescos, Fay Franklin, Bharti Karakoti,
Priyanka Kumar, Nicola Malone, Alison
McGill, Ellen Root, Susana Smith, Ajay
Verma

Bildnachweis

l=links; r=rechts; o=oben;
u=unten; m=Mitte

Wir haben uns bemüht, alle Urheber zu
ermitteln, und entschuldigen uns für even-
tuelle, unbeabsichtigte Auslassungen. Gern
holen wir entsprechende Angaben in künf-
tigen Auflagen nach.

DK dankt den folgenden Personen und
Institutionen für ihre Unterstützung und die
freundliche Genehmigung, in ihren Räumen
zu fotografieren:

B5 Bar, Reykjavík; Blaue Lagune; Búðir Hótel; Café Paris; Fish & Chips, Restaurant; Fish Market Restaurant; Fjalakotturinn; Friða Frænka; Gallery Restaurant, Hótel Gígur; Hótel Holt; Hornið; Hótel Ísafjörður; Hótel Plaza; Jómfrúin; Kjarvalsstaðir; Land-námssitur Íslands, Borgarnes; Listasafn Reykjavíkur; Naturbad Jarðböðin; Ösvör Museum; Radisson Blu Saga Hótel; Sævar Karl; Safnasvæðið á Akranesi; Sigriðustofa; Sigurjón Ólafsson Museum; Skógasafn; Souvenirshop des Fremdenverkehrsbüros; The Dubliner Bar, Reykavík; Þjóðmenningar-húsið, Reykavík; Þjóðminjasafn Íslands/Is-ländisches Nationalmuseum; Þrír Frakkar; Vesturfarasetrið, Hofsós; Vox Restaurant; Walmuseum Húsavík

Der Dank geht außerdem an die vielen Kirchen, Museen, Hotels, Restaurants, Läden, Galerien und sonstigen Sehens-würdigkeiten, die zu zahlreich sind, um einzeln genannt zu werden.

DK bedankt sich bei folgenden Personen, Unternehmen und Bildarchiven für die freundliche Erlaubnis zur Reproduktion ihrer Fotografien:

4Corners Images
SIME/Giovanni Simeone 28f

Alamy
Arctic Images 54ur, 65ml, 101ml; Ragnar Th. Sigurdsson 45or; Robert Harding Picture Library/Patrik Dieudonne 15mu; Ian Bottle 100or; Phil Degginger 26mlo; Bragi Josefsson 60or; Juniors Bildarchiv 46om; Wolfgang Kaehler 68f; Nordicphotos 98or; North Wind Picture Archives 30or; Bjarki Reyr MR 82or; S.I.N. 55or; Frantisek Staud 116f; Haraldur Stefansson 54o, 55ol; Clive Tully 16mu

Hótel Aldan
132ol

Burið
75or

Corbis
Artic-Images 27ol; Hans Strand 38ul

Getty Images U. Baumgarten 119or

Götubrainn 44ol

Harpa Reykjavík Concert Hall and Conference Center
Bára Kristindóttir 70mlu

Laundromat Café
42ul

Lebowski Bar
45or

Mary Evans Picture Library
30ml

Naturepl.com
Wild Wonders of Europe/O Haarberg 34ur

Photolibrary
age fotostock/Jose Fuste Raga 4f, 84f; N A Callow 104f; Imagebroker.net/Christian Handl 11um, Dr Torsten Heydenreich 16–17m, 22–23m; Lonely Planet Images/Grant Dixon 19mu; Nordic Photos/Inger Helene Boasson 53ol; Kristjan Maack 48f, 51ml, Sigurgeir Sigurjonsson 102or; Oxford Scientific (OSF)/Richard Packwood 7ol, 102ol; Photononstop/Philippe Crochet 28f

Photoshot
19ol; Bryan & Cherry Alexander 94or

Sunna Guesthouse
131ol

Umschlag
Vorderseite:
DK Images Nigel Hicks ul; **Corbis** Peter Adams Hauptbild
Buchrücken:
Alamy Images Jon Arnold Images Ltd.
Rückseite:
DK Images Nigel Hicks ol, mo, or

Alle anderen Bilder
© Dorling Kindersley.
Weitere Informationen unter
www.dkimages.com

Sprachführer

Isländisch gehört der Gruppe der Nordischen Sprachen an. Das isländische Alphabet umfasst 32 Buchstaben, die größtenteils den lateinischen entsprechen. Die Buchstaben C, W, Q und Z werden im Isländischen nicht verwendet. Zusätzlich zu den lateinischen gibt es drei Buchstaben: þ (stimmloses »th« wie im englischen »this«), ð (stimmhaftes »th« wie im englischen »breathe«) und æ (wie »Ei«). Betont wird immer die erste Silbe eines Wortes.

Richtlinien zur Aussprache Vokale

Es gibt sieben Vokale – a, e, i, o, u, y, æ –, von denen fünf einen Akzent haben können, der die Aussprache verändert. Das »o« erscheint auch als Umlaut »ö«.

a = wie in »hat«
á = wie in »Auge«
e = wie in »Brett«
i = wie in »Tisch«
í = wie in »viel«
o = wie in »Loch«
ó = hat den Lautwert »ou«
ö = wie in »Öl«
u = wie in »Mutter«
ú = wie in »Pfuhl«
ý = wie in »vier«
æ = wie in »leicht«

Buchstabenkombinationen

Buchstabenverbindungen werden im Isländischen wie folgt ausgesprochen:
fl = wie pl
fn = wie p
ll = wie tl
sj = wie sch
ng = am Wortende wie nk, im Wortinneren wie ng
ey = wie äi
ei = wie äi
au = wie ou

Notfälle

Hilfe!	Hjálp!
Rufen Sie einen Arzt.	Náið lækni.
Rufen Sie einen Krankenwagen.	Hringdu í sjúkrabíl.
Rufen Sie die Polizei.	Hringdu í lögregluna.
Rufen Sie die Feuerwehr.	Hringdu í slökkviliðið.

Grundwortschatz

Ja	Já
Nein	Nei
Bitte (darbietend)	Gjörðu svo vel
Danke	Takk / takk fyrir
Verzeihung	Afsakið
Hallo	Halló
Hallo (Guten Tag)	Vertu sæl / sæll
Tschüss	Bless
Gute Nacht	Góða nótt
Guten Morgen	Góðan morgunn
Guten Abend	Gott kvöld

Nützliche Redewendungen

Wie geht es Ihnen?	Hvað segirðu gott?
Sehr gut, danke.	Allt gott.
Das ist schön.	Það er fínt / gott
Wo ist / sind …?	Hvar er / eru …?
Wie komme ich nach …?	Hvernig kemstt ég til …?
Sprechen Sie Englisch?	Talarðu ensku?
Ich verstehe nicht.	Ég skil ekki.

Shopping

Wie viel kostet das?	Hvað kosta þetta?
Ich hätte gern …	Ég ætla að fá …
Akzeptieren Sie Kreditkarten?	Takið þið kreditkort?
Akzeptieren Sie Reiseschecks?	Takið þið ferðatékka?
Um wie viel Uhr öffnen Sie?	Hvenær opnið þið / lokið þið?
Dieses hier	þessi hérna
Das dort	þessi þarna
teuer	dýrt
Größe	stærðh

Läden

Bäckerei	bakarí
Bank	banki
Apotheke	apótek
Fischhändler	fiskibúð
Autowerkstatt	bílaverkstæði
Markt	markaður
Postamt	pósthús
Supermarkt	matarverslun
Reisebüro	ferðaskrifstofa

Sightseeing

Galerie	listagallerí
Bucht	flói
Strand	fjara
Fahrrad	reiðhjól
Bus (Stadt)	strætó
Bus (Überland)	rúta
Busbahnhof	umferðamiðstöð
Busticket	strætó / rútumiði
Auto	bíll
Leihwagen	bílaleiga
Kathedrale	dómkirkja
Kirche	kirkja
Gletscher	jökull
Hafen	höfn
Heiße Quelle	hver
Insel	eyja
See	stöðuvatn
Berg	fjall
Museum	safn
Fremdenverkehrsbüro	upplýsingamiðstöð
Wasserfall	foss

Im Hotel

Haben Sie ein Zimmer frei?	Eigið þið laust herbergi?
Doppelzimmer	Tveggja manna
mit Doppelbett	herbergi með hjónarúmmi
mit zwei Betten	tveggja mannaa herbergi
Einzelzimmer	eins manns herbergi
Zimmer mit	herbergi með
Bad	baði
Dusche	sturta
Ich habe reserviert.	Ég á pantað.

Im Restaurant

Haben Sie einen Tisch frei?	Eigið þið laustt borð?
Ich möchte einen Tisch reservieren.	Gæti ég pantað borð.
Frühstück	morgunmaturr
Mittagessen	hádegismaturr
Abendessen	kvöldmatur
Die Rechnung, bitte.	Gæti ég fengið reikninginn, takk fyrir inn.
Kellnerin / Ober	þjónn
Speisekarte	matseðill
Vorspeise	smáréttur
Erster Gang	forréttur
Hauptgericht	aðalréttur
Dessert	eftirréttur
Weinkarte	vínlisti
Glas	glas
Flasche	flaska
Messer	hnífur
Gabel	gaffall
Löffel	skeið

Auf der Speisekarte

bjór	Bier
brauð	Brot
ferskir ávextirirh	frisches Obst
fiskur	Fisch
franskar kartöflur	Pommes frites
grænmeti	Gemüse
grillað	gegrillt
gufusoðið	gedünstet
hvítvín	Weißwein
ís	Eiscreme
kaka / vínarbrauð	Kuchen / Gebäck
kartöflur	Kartoffeln
kjöt	Fleisch
kjúklingur	Huhn
lamb	Lamm
laukur	Zwiebeln
lax	Lachs
mjólk	Milch
nautakjöt	Rindfleisch
ostur	Käse
pipar	Pfeffer
pylsa / pulsa	Hotdog
rauðvín	Rotwein
rækjur	Garnelen
sjávarréttur	Meeresfrüchte
smjör	Butter
soðið	gekocht
sódavatn	Mineralwasser
sósa	Sauce
steikt	gebraten
súkkulaði	Schokolade
súpa	Suppe
svínakjöt	Schweinefleisch
sykur	Zucker
te	Tee
vatn	Wasser
ýsa	Schellfisch

Zahlen

1	einn
2	tveir
3	þrírr
4	fjórir
5	fimm
6	sex
7	sjö
8	átta
9	níu
10	tíu
11	ellefu
12	tólf
13	þrettán
14	fjórtán
15	fimmtán
16	sextán
17	sautján
18	átján
19	nítján
20	tuttugu
21	tuttugu og einn
30	þrjátíu
40	fjörtíu
50	fimmtíu
60	sextíu
70	sjötíu
80	áttatíu
90	níutíu
100	hundrað
1000	þúsund
1.000.000	milljón

Zeit

eine Minute	ein mínúta
eine Stunde	ein klukkustund
ein Tag	dagur
Montag	mánudagur
Dienstag	þriðjudagur
Mittwoch	miðvikudagur
Donnerstag	fimmtudagur
Freitag	föstudagur
Samstag	laugardagur
Sonntag	sunnudagur

Schilder & Wegweiser

Campingplatz	tjaldsvæði
geschlossen	lokað
Gefahr	hætta
Ende des Asphaltbelags	malbik / bundið slitlag endar
Ausgang	út / útgangur
Eingang	inn / inngangur
verboten	bannað
Herrentoilette	karlaklósett
Damentoilette	kvennaklósett
Toilette	klósett
Schotterpiste	jeppaslóð
offen	opið
Parkplatz	bílastæði
Einspurige Brücke	einbreið brú

Ortsverzeichnis

Straßenverzeichnis Reykjavík (Auswahl)